嘉峪关

魏晋砖壁画图录·文释

嘉峪关市重点人才项目

杨殿刚 编著

云南出版集团　云南美术出版社

图书在版编目（CIP）数据

嘉峪关魏晋砖壁画图录·文释 / 杨殿刚编著. -- 昆明：云南美术出版社，2022.10
ISBN 978-7-5489-5112-4

Ⅰ. ①嘉… Ⅱ. ①杨… Ⅲ. ①砖室墓－墓室壁画－嘉峪关市－魏晋南北朝时代－图录 Ⅳ. ①K879.412

中国版本图书馆CIP数据核字（2022）第189855号

责任编辑：陈铭阳
装帧设计：悟阅文化
责任校对：台　文

嘉峪关魏晋砖壁画图录·文释

杨殿刚　编著

出版发行：云南出版集团
　　　　　云南美术出版社（昆明市环城西路609号）
印　　制：成都市兴雅致印务有限责任公司
开　　本：889mm×1194mm 1/16
印　　张：9.5
版　　次：2023年1月第1版
印　　次：2023年1月第1次印刷
ISBN 978-7-5489-5112-4
定　　价：95.00元

前言

魏晋南北朝是一个战乱频发、社会动荡的时期，但当时精神生活却极度自由，是一个赋予热情、智慧、艺术精神的时代，绘画创作得到了空前的繁荣与发展。这一时期系统的中国画理论开始出现，对魏晋南北朝绘画的兴盛，做出了重要贡献。西汉晚期以后，中原及各地大墓出现用绘画装饰墓室的习俗。至东汉中晚期，随着豪宗大族厚葬之风盛行，墓室壁画丰富多彩令人叹为观止。曹魏之后，中央政府提倡俭葬，厚葬之风有所收敛，河西地处偏僻，中央政府鞭长莫及，故在河西地区形成了独树一帜的彩绘砖画。

古丝绸之路已经成为历史，但在中国历史上中西文明的历次碰撞中相互激发、相互学习，互相从对方的体系中汲取本文化发展需要的养分，相互滋润，不断向前发展。在共建"一带一路"倡议下，古丝绸之路将在传播华夏文明中焕发生机。嘉峪关是丝绸之路的必经之地，受丝绸之路的影响，民族交流、商旅往来日益频繁，这里就呈现出多民族共存的多元复合文化现象。来自丝路沿线的各民族在与汉族的长期杂居相处与通婚中，互相依存、相互学习、生产互补，与汉族在经济、文化、语言、服饰、姓氏、习俗乃至宗教信仰上的差异逐渐缩小；墓室砖壁画真实地反映了这一历史事实。

目录
CONTENTS

001 综 述

008 五号墓综述

009 五号墓前室东壁
010 《狩猎图（一）》
010 《守卫图（一）》
011 《采桑图（一）》
011 《守卫图（二）》
012 《采桑图（二）》
012 《畜牧图（一）》
013 《犊车图（一）》
013 《进食图（一）》
014 《采桑图（三）》
014 《狩猎图（二）》

015　《果木园图（一）》
015　《狩猎图（三）》
016　《畜牧图（二）》
016　《犁地图（一）》
017　《守卫图（三）》
017　《犁地图（二）》
018　《扬场图》
018　《耙地图（一）》
019　《驿使图》
019　《出巡图（一）》
020　《耱地图》
020　《出行图（一）》
021　《畜牧图（三）》
021　《打连枷图》
022　《拴马图》
022　《进食图（二）》
023　《进食图（三）》
024　《进食图（四）》
024　《庖厨图（一）》
025　《庖厨图（二）》
025　《进食图（五）》
026　《守卫图（四）》
026　《牛车图（一）》
027　《果木园图（二）》
027　《宰牛图（一）》
028　《犊车图（二）》
028　《狩猎图（四）》
029　《宴饮图（一）》
029　《宰羊图（一）》
030　《杀鸡图》
030　《进食图（六）》
031　《杀猪图（一）》
031　《宴饮图（二）》
032　《猎鹰图》
032　《庖厨图（三）》
033　《丝束图》

· 02 ·

034 六号墓综述

035 六号墓墓道
036 六号墓门楼照墙
037 《门扉图》
037 "牛首人身"和"鸡首人身"砖雕
038 托举力士砖雕
038 侧头力士砖雕
039 托梁兽砖雕
039 斗拱造型砖
040 六号墓前室墓顶及藻井砖
040 六号墓耳室
041 人字梁
041 《彩绘鸟图》
042 六号墓前室北壁
042 《牵驼图》
043 《畜牧图（四）》
043 《畜牧图（五）》
044 《鸡群图》
044 《肉块图》
045 《守门犬图》
045 六号墓前室东壁
046 《侍女图（一）》
046 《鹰猎图（一）》
047 《采桑图（四）》
047 《采桑图（五）》
048 《杀猪图（二）》
048 《杀猪图（三）》
049 《捶牛图》
049 《宰牛图（二）》
050 《牵羊图》
050 《宰羊图（二）》
051 《侍女图（二）》
051 《侍女图（三）》

052 《进食图（七）》
052 《侍女图（四）》
053 《庖厨图（四）》
053 《庖厨图（五）》
054 《耙地图（二）》
054 六号墓前室南壁
055 《侍女图（五）》
055 《采桑图（六）》
056 《坞壁图》
056 《犁地图（三）》
057 《犁地图（四）》
057 《耙地图（三）》
058 《犊车图（三）》
058 《畜牧图（六）》
059 《耙地图（四）》
059 六号墓前室西壁
060 《侍女图（六）》
060 《犁地图（五）》
061 《畜牧图（七）》
061 《杀猪图（四）》
062 《畜牧图（八）》
062 《侍女图（七）》
063 《犁地图（六）》
063 六号墓中室东壁
064 《庖厨图（六）》
064 《进食图（八）》
065 《进食图（九）》
065 《宴饮图（三）》
066 《宴饮图（四）》
066 《宴饮图（五）》
067 《宴舞图（一）》
067 《庖厨图（七）》
068 《进食图（十）》
068 《宴饮图（六）》
069 《宴饮图（七）》
069 《宴饮图（八）》

070 《宴饮图（九）》
070 《宴舞图（二）》
071 《进食图（十一）》
071 《进食图（十二）》
072 《宴饮图（十）》
072 《宴饮图（十一）》
073 《宴饮图（十二）》
073 《宴舞图（三）》
074 六号墓中室西壁
074 《出巡图（二）》
075 《出巡图（三）》
075 《出巡图（四）》
076 《出巡图（五）》
076 《出巡图（六）》
077 《出巡图（七）》
077 《宴饮图（十三）》
078 《宴饮图（十四）》
078 《宴饮图（十五）》
079 《进食图（十三）》
079 《进食图（十四）》
080 《进食图（十五）》
080 《宴饮图（十六）》
081 《宴饮图（十七）》
081 《宴饮图（十八）》
082 《进食图（十六）》
082 《进食图（十七）》
083 《庖厨图（八）》
083 《童仆图》
084 《宴饮图（十九）》
084 《宴乐图（一）》
085 《宴饮图（二十）》
085 《进食图（十八）》
086 《庖厨图（九）》
086 六号墓后室南壁
087 《绢帛图（一）》
087 《奁盒图》

088 《丝团图》
088 《蚕茧图》

089　七号墓综述

090　七号墓墓道
091　七号墓门楼照墙
091　七号墓室顶部及藻井砖
092　龙头造型砖
092　《装饰图》
093　七号墓甬道门洞
093　壁龛
094　耳室
094　七号墓前室东壁
095　《宴饮图（二十一）》
095　《宴饮图（二十二）》
096　《宴饮图（二十三）》
096　《侍奉图（一）》
097　《侍奉图（二）》
097　《育婴图》
098　《侍奉图（三）》
098　《侍奉图（四）》
099　《鹰猎图（二）》
099　《采桑图（七）》
100　《采桑图（八）》
100　《狩猎图（五）》
101　《犬猎图》
101　《鹰猎图（三）》
102　《射猎图（一）》
102　《射猎图（二）》
103　《犁地图（七）》
103　《犁地图（八）》
104　《耙地图（五）》
104　《犁地图（九）》
105　七号墓前室西壁

105 《宴饮图（二十四）》
106 《宴饮图（二十五）》
106 《庖厨图（十）》
107 《出行图（二）》
107 《出行图（三）》
108 《出行图（四）》
108 《出行图（五）》
109 《牛车图（二）》
109 《牛车图（三）》
110 《马车图》
110 《畜牧图（九）》
111 《牧牛图》
111 七号墓中室东壁
112 《宴饮图（二十六）》
112 《宴饮图（二十七）》
113 《进食图（十九）》
113 《宴饮图（二十八）》
114 《博弈图》
114 《宴饮图（二十九）》
115 《庖厨图（十一）》
115 《庖厨图（十二）》
116 《进食图（二十）》
116 《宴乐图（二）》
117 《宴饮图（三十）》
117 《庖厨图（十三）》
118 《庖厨图（十四）》
118 《庖厨图（十五）》
119 《庖厨图（十六）》
119 《宰羊图（三）》
120 《杀猪图（五）》
120 《宰杀图》
121 《庖厨图（十七）》
121 《庖厨图（十八）》
122 《庖厨图（十九）》
122 《庖厨图（二十）》
123 《庖厨图（二十一）》

123　《庖厨图（二十二）》
124　《酿造图（一）》
124　七号墓中室西壁
125　《宴饮图（三十一）》
125　《庖厨图（二十三）》
126　《宴饮图（三十二）》
126　《宴饮图（三十三）》
127　《庖厨图（二十四）》
127　《庖厨图（二十五）》
128　《庖厨图（二十六）》
128　《庖厨图（二十七）》
129　《庖厨图（二十八）》
129　《杀猪图（六）》
130　《宰羊图（四）》
130　《庖厨图（二十九）》
131　《庖厨图（三十）》
131　《庖厨图（三十一）》
132　《庖厨图（三十二）》
132　《庖厨图（三十三）》
133　《庖厨图（三十四）》
133　《酿造图（二）》
134　《庖厨图（三十五）》
134　《宰牛图（三）》
135　《庖厨图（三十六）》
135　《酿造图（三）》
136　七号墓后室南壁
136　《绢帛图（二）》

137　参考文献

综 述

在甘肃省嘉峪关市东北20千米处的一片戈壁上，散布着千余座魏晋时期（公元220—419年）的古墓葬，这便是素有"地下画廊"之称的嘉峪关新城魏晋砖壁画墓。

一、嘉峪关的地理位置及历史

（一）地理位置

嘉峪关市位于河西走廊中部，因地处明长城西端起点嘉峪关下而得名。其地理坐标位于东经98°17′，北纬39°47′。东临河西重镇酒泉市肃州区，距省会兰州776千米；西连石油城酒泉玉门市，至新疆哈密650千米；南倚终年积雪的祁连山与张掖市肃南裕固族自治县接壤，与青海相距300余千米；北枕黑山，与酒泉市金塔县相接，中部为酒泉绿洲西缘。市域面积2935平方千米，市内的主要工业产品为生铁、焦炭、硫铵等，是中国西北的钢铁生产基地。市西3千米处有明建嘉峪关城楼及近南北走向的几条长城墩台，是明长城最西端的关隘，建于明洪武五年（1372年）。关城南接祁连山，绵亘千里，倚马鬃山，两侧城墙横穿戈壁，形势险要，有"河西第一隘口"之称。

（二）历史沿革

嘉峪关魏晋墓群作为由众多家庭墓地聚集而形成的古代公共墓地，其存在和发展与该区域古代城镇发展密切相关。有学者认为魏晋时期广泛存在的家族墓地，最早是原始社会的公共墓地发展而来，经商、周的继承和变化，融入了宗法制度的一部分。汉武帝后，随着土地私有化而出现了私有茔域，经过漫长的发展过程，至西汉后期大家族墓地最后形成。河西地区广泛分布的"坟院式茔域"，是汉武帝后经营西域时由汉地移民带去的丧葬习俗与本地自然环境与习惯结合的产物。徐苹芳先生认为"汉魏南北朝的茔域制度，经历了从反映奴隶制时代宗法关系的族葬，到反映封建家族葬的转变过程"。

1. 与墓群相关时期区域的历史沿革

西汉元狩二年（前121年）设置酒泉郡，郡治禄福县。西晋惠帝元康五年（295年），改禄福县为福禄县。东晋时前凉、后凉、南凉、北凉、西凉等政权都控制过此地区。其中，西凉国主李暠于建初元年（405年）将都城从敦煌迁至酒泉，统治时间达16年，这是历史上在酒泉地区唯一建立过的地方割据政权。南北朝时期（420—589年），先后属北魏、西魏统治。隋开皇三年（583年）置酒泉镇，隋仁寿二年（602年）改酒泉镇为肃州；大业元年（605年）罢肃州，置福禄县。唐武德元年（618年）改福禄县为酒泉县。唐武德二年（619年）复置肃州。唐永泰二年（766年），吐蕃攻陷肃州，直到850年，统治达80多年。大顺元年（890年）甘州回鹘占领酒泉。自汉元狩二年（前121年）酒泉郡设立起，这里就是丝绸之路的必经之地，历代人们在此劳动、生活、繁衍生息，死后埋葬于此，形成了一个以家族墓葬为主的大型公共墓地，近几十年的考古发掘和调查也证明嘉峪关墓群是延续时间较长的魏晋至唐等各时期家族墓葬的大型公共墓地。

2. 墓群形成后区域历史沿革

宋代，酒泉归西夏，西夏败亡后，酒泉归蒙古，1271年蒙古改国号为元，设肃州路。明代置肃州卫。清代，改置为肃州直隶州。民国时期，于1912年置安肃道，1936年改设为甘肃省第七区行政督察专员公署。1949年酒泉解放，置酒泉专区。1955年在嘉峪关附近发现4.2亿吨的铁矿石，因储量大，故建钢厂，起名酒泉钢铁公司（因这一片地方是属于酒泉），酒钢1958年成立，到了1965年，因钢厂发展到了一定规模，于是建立了嘉峪关市，到了1971年，嘉峪关被国务院批准为省辖地级市。

二、魏晋墓群自然环境

墓群所在的新城镇是嘉峪关市的农业大镇，其境内地势比较平坦，局部呈起伏状，西南高东北低，有部分草滩、湖泊及戈壁滩，境内最高峰位于南部海拔1551米，最低点位于北部海拔1480米。新城镇属温带大陆性荒漠气候，日照长、降水少、蒸发量大、干旱少雨、冬季严寒、夏季酷热；年平均气温约7℃，年平均降水量约85毫米，累计年平均蒸发量2114.3毫米，全年无霜期134天左右。河西地区常见的瓜、果、粮、菜均有种植。墓群就分布在该镇一处约13平方千米的戈壁上，地表植被稀疏，细土吹蚀，砾石裸露。墓葬分布区域中除农田和村落占压区域外，大部分区域都保持了荒漠戈壁滩环境的特征，与祁连山之间的视线联系未受干扰，周边区域景观可视界面多为田野村落，符合历史绿洲环境特征。

三、魏晋墓群的发现及发掘

公元20世纪70年代初的一天，家住嘉峪关市新城村三组的农民张书信赶着羊群去放羊，在戈壁滩上一个凸起的土包上发现了一个洞穴。在好奇心的驱使下，他将随身携带的牧羊鞭杆插进洞穴内试探，却发现这是一个"无底洞"，于是，在下午收工时将洞口掩埋并做了标记。回家后，他将此事告诉了同村与其交情不错的另一位牧羊人。二人分析认为那个洞穴可能是墓葬，商定对神秘洞穴进行探挖。经过两天的挖掘，他们终于找到了一个足以容纳人体的通道。张书信顺着洞口爬行进入洞底，划亮随身携带的火柴一照，眼前的情景惊得他目瞪口呆——洞底竟是一个用砖砌成的墓葬，不少砖上刻有图画。但可惜的是，墓葬已经被盗过，他没能找到他们想要的宝物。于是便将垒墓室用的灰条砖拉回家垒筑了猪圈墙。此后不久，张书信发现一座古墓葬的消息传开了。当时任嘉峪关市文教局副局长的焦炳琨同志听说此事后，立即组织有关人员到墓葬现场进行勘察，并迅速将勘察情况向上级主管部门和嘉峪关市政府进行了汇报。从1972年，由甘肃省博物馆会同嘉峪关市文物清理小组先后对墓葬进行了3次发掘清理，分别是：1972—1973年发掘8座古墓（1—8号）；1981—1982年发掘5座古墓（9—13号）；1984年发掘5座古墓（14—18号），并断代为曹魏到东晋时期的墓葬群。墓群于1981年9月10日被甘肃省人民政府公布为省级文物保护单位，1988年修建了新城砖壁画博物馆，1998年完成设计陈展，并对外开放。2001年6月25日被国务院批准为第五批全国重点文物保护单位。

四、魏晋墓砖壁画的分布结构及内容

墓群北到嘉峪关市新城镇野麻湾村，南到第三支干渠，西到飞机场，东到新城镇观蒲村及酒泉的果园镇，占地约13平方千米。已清理发掘的18座古墓中，其中9座为砖壁画墓，9座为素砖墓，共出土彩绘画像砖760余幅。这些壁画，除了珍禽异兽的图像和部分建筑性质的装饰图案画绘于门楼上之外，其余都绘在墓室中。从总体看，画幅之间是有机地联系在一起的，位置也不是任意安排的。在五号墓中有两块画墓主宴饮的砖画，这两块砖面原来画的是狩猎和犊车图，后又用白垩土涂抹，改画成墓主人宴饮图。这就说明壁画的位置安排是遵循着一定的规律。由于壁画墓有二室和三室之分，所以壁画安排也稍有不同。二室墓分前、后室，在前室当中壁画遍布四壁，所画内容主要表现墓主人宴居生活（如宴饮、庖厨、汲水、奏乐等场景）和庄园经济生活（如农桑、畜牧、酿造等场景），后室中只有后壁有画，所画内容为绢帛、丝束以及一些生活用具、婢女像等。三室墓分前、中、后室，一般在前室四壁主要绘有表现墓主人庄园经济生活的壁画；中室四壁主要绘有表现墓主人宴居生活的壁画；后室后壁主要绘有象征财富的绢帛、丝束、首饰盒图案等。

墓砖壁画题材，计有农桑、畜牧、酿造、出行、宴乐、狩猎、庖厨、生活用具、兵屯、营垒、坞壁、穹庐等，都取自当时的社会现实生活，内容通俗易懂，刻画的场面栩栩如生，如杀猪、宰羊、烫鸡、捶牛、采桑、犁地、耙地、扬场、打连枷、牧牛、牧马、养猪、喂鸡、射猎、鹰猎、犊车、牵驼、庖厨、舞蹈、进食、宴饮、烤肉、酿醋、育儿、坞壁、操练、出巡、驿传等，一幅幅画面无不透露着浓郁的生活气息。

五、魏晋墓砖壁画的价值

（一）历史价值

嘉峪关魏晋墓砖壁画是河西走廊重镇酒泉郡存在和发展的历史见证。作为公共墓地，其规模巨大、具有长期连续的时间序列、遗存丰富、整体格局和墓葬形制完整，是河西走廊重镇酒泉郡最重要的物证之一。

它是中原文化与河西文化传承和互动的见证。其墓葬形制和大量的墓室壁画，反映了魏晋南北朝时期中原地区分裂动荡期间，秦汉文明和中原文化在河西地区得以传承和延续，为中原地区隋唐时期的中华文明、文化复兴提供了重要支撑。如墓葬门楼多为砖仿木结构，最多的达九层拱券，体现了中原文化的传承；砖墓壁画多以墨线勾勒轮廓，以平涂法填彩，与中原地区的汉魏传统壁画一脉相承。

它是丝绸之路河西段多民族融合、文化交流的历史事实的见证。嘉峪关是自汉代起的丝绸之路必经之地，砖壁画中人物不同的容貌、服饰和帐篷等，表现了多民族聚居并和睦相处的历史事实。壁画中大量反映农耕文化和草原文化的壁画同时存在，如采桑图、丝束、绢帛和农耕、畜牧、狩猎、宴饮、乐舞，说明即使在社会剧烈动荡的魏晋时期，民族的迁徙融合、文化的交流碰撞仍未停止。

（二）艺术价值

嘉峪关魏晋墓砖壁画展现出魏晋南北朝时期中国绘画艺术所达到的高度。墓葬壁画保存数量大，内容丰富，在魏晋绘画遗存中占有重要地位，画作构图丰满，主次分明，善以高度概括的精练笔画表现复杂的事物；重视刻画人物的精神世界，形神兼备；画法简练，画风朴实；以墨线勾勒为主，石黄、朱红、赭石、浅绿等施彩为辅，线条流畅奔放有劲，色调明快热烈，整个画面充满生活气息。

嘉峪关魏晋墓砖壁画艺术和敦煌莫高窟壁画艺术存在一定的联系。墓群与敦煌石窟壁画同处于河西地区，年代略早于后者，使其在探索敦煌壁画艺术的渊源方面有重要的意义。两者在画面的描绘和形象塑造方面有相同或相似之处。如莫高窟洞窟窟顶的覆斗形造型是沿用汉魏以来河西地区墓室顶部的传统做法。

（三）科学价值

嘉峪关魏晋墓砖壁画是社会历史研究，尤其是农业生产史的重要实物资料。壁画取材着重于现实生活，真实地记录和展示了当时河西地区社会生活的各个层面，内容涉及畜牧、农耕、兵屯、园林、坞堡、六博、酿造、庖厨、服饰、生活用具、狩猎、营垒、采桑、出行、驿传、宴乐、舞蹈等各个方面，充分反映出河西地区当时的社会生活及民风民俗，为研究河西地区的社会、政治、经济、文化、民族交往、农业生产、军事、环境等提供了全面丰富的实物资料。

嘉峪关魏晋墓砖壁画为建筑史研究提供了研究实例。中国建筑史中墓葬砖石构造与地表木构之间存在着相互影响和传序关系，墓葬砖石构造是中国传统建筑体系的重要实例。已发掘墓葬墓门上砖叠高大而复杂的门楼、筒状券顶墓室的建造不用任何黏结材料，全部用砖叠砌而成，体现了当时营造技艺和材料技术的成就。

（四）社会价值

嘉峪关魏晋墓砖壁画是嘉峪关市文化资源的重要组成部分，也是丝绸之路文化遗产的重要组成部分，可充分发挥文物见证历史、弘扬传统的独特功能，也是历史、文物、艺术等知识的教育场所。若能对墓群及其整体环境进一步合理利用及充分展示，

将对地方的文化、经济发展和生态保护产生积极的促进作用。

六、嘉峪关魏晋墓砖壁画的研究成果

嘉峪关魏晋墓砖壁画多出自技艺高超的民间画师之手，这些砖画色调明快、线条流畅、画技巧妙、风格独特、内容丰富，就像是摆放在丝绸之路上的一部"百科全书"，它包罗万象，大放异彩，数十年来，吸引着无数专家学者不断前往，只为一探究竟。

2015年湖南师范大学硕士研究生刘利在《嘉峪关新城墓室壁画图像研究》（收录在《中国优秀硕士学位论文全文数据库》2015年06期）一文中指出：嘉峪关壁画既是一个时代的艺术结晶，也是本土文化的智慧呈现。它的题材一方面反映了河西地区劳动人民对美好生活的追求；另一方面真实地反映了当时的社会生活场景和绘画艺术的表现方式，为研究当代历史题材的艺术创作元素提供了极其重要的参考，同时也为研究魏晋历史地域性问卷的历史考古学者和考古学家提供了图文并茂的珍贵资料。

2012年，张晓梅在《嘉峪关魏晋墓砖壁画艺术特色》（发表于《当代艺术》2012年03期）一文中表示，嘉峪关魏晋墓墓葬形制承袭于汉墓制，但壁画内容和形式又有很强的特殊性。一方面嘉峪关魏晋墓壁画内容少了汉代天界虚幻的故事，人界的忠孝节烈图、瑞应图。另一方面以宏大的规模和数量，真实质朴地记录了嘉峪关魏晋时期的生产、生活，表达了封建达官贵族期望"事死如事生"的整体丧葬理想。

2010年，李怀顺在《河西魏晋墓壁画少数民族形象初探》（发表于《华夏考古》2010年04期）一文中，不同容貌和装束的各民族共同生产，反映了河西地区的民族关系，他们在相对稳定的环境中推动河西的发展和进步。

2011年，黄晓宏在《浅析嘉峪关魏晋五号墓壁画》（发表于《丝绸之路》2011年08期）一文中，对嘉峪关魏晋墓出土最大砖画《出巡图》和最有名砖画《驿使图》就图案本身及其蕴含的历史信息进行详细阐述。

2010年，马文涛在《魏晋河西地区庄园的农副业和手工业经济模式——以嘉峪关墓壁画为中心的考察》（发表在《宜宾学院学报》2010年03期）一文中，将墓室壁画反映的庄园经济细分为桑蚕业、果木种植业、酿造业和手工业。他认为无论是何种经济模式都是为了满足庄园内部的日常生活。虽然规模有限，工艺水平不高，但使坞壁的商品交流不必依赖外部供给，也能自给自足，是一种比较严密的封建庄园经济。与东汉《四民月令》中所反映的涿郡崔氏庄园是一脉相承的，透视出封建庄园内部事无巨细、分工明确、"闭门为市"、自给自足的特点。

　　魏晋时期在中国的历史上是一个战乱频繁、四分五裂的时代，历史遗存的文献资料非常少，这些砖壁画所绘内容涉及当时社会生活的方方面面，它就像摆放在丝绸之路上的一部"百科全书"一样，向后人展示着1700多年前河西地区的政治、经济、军事、交通、民俗发展历程。此外，魏晋时期，绘画艺术在南方有顾恺之的《女史箴图》和《洛神赋图》等著名代表作，但在北方却没有留下任何有关的记载，嘉峪关魏晋墓出土的这些砖壁画，正好弥补了魏晋时期绘画艺术在北方的空白，因此它又被人们誉为"地下画廊"。

五号墓综述

　　五号墓是1972年10月31日至1973年1月13日期间，由甘肃省博物馆会同嘉峪关市文物清理小组共同发掘清理的，于1973年整体搬迁至甘肃省博物馆展览大楼西侧地下陈列室加以复原。墓葬的修筑方法是：先挖出墓道，并根据墓室大小，用打竖井的办法，挖出前室、后室，再掏通隔梁。然后采用干砖叠砌墓室，再以筛过的细黄土填平墓室外部砖缝。墓室内壁不用黄土、白灰黏合。在墓顶、墓门、耳室等起券部位则夹以陶片，或用略打成楔形的条砖起券。

　　五号墓为二室墓，总长7米左右，墓门外有一条斜坡式墓道，上面铺有云纹或水火纹的花纹方砖。门楼残高1.3米，用砖拱券而成，墓门上方有高大的门楼，门楼上部镶嵌砖雕门阙、斗拱、画像砖，砖雕内容有鸡头人身、牛首人身、青龙、白虎等。

　　前室长284厘米、宽301厘米、高345厘米。墓室结构仿照楼阁建筑，干砖叠砌而成。墓顶为覆斗顶结构，四周墙壁上部突出两层半块砖象征房屋的屋檐。此座墓葬画像砖排列上相对集中，画像砖之间仅间隔一横砖，砖壁皆涂黑色。前室有画像砖64幅，东壁画像砖内容有农耕、畜牧、狩猎、养殖、园林、出行、驿传等，以表现生产活动场景为主；西壁画像砖内容有宴饮、庖厨、屠宰、酿造等，以表现衣食住行的生活活动场景为主。

　　后室长322厘米、宽173厘米、高207厘米。墓顶为拱券顶结构。后室为墓葬的主室，用来放置棺木。后室有画像砖9幅，主要分布在南壁，以刀、绢帛、曲尺、麈尾、便面、首饰盒、丝束等反映墓主人生前的财富和日常生活用品的图画为主。

　　据黄晓宏所撰《浅析嘉峪关魏晋五号墓壁画》，在五号墓前室北壁东侧有一幅《驿使图》，上面画一个邮驿使骑在红鬃马上，头戴黑帻，身穿右襟宽袖衣，足蹬长靴，左手持信物右手持马缰，驿骑四蹄腾空，信使则稳坐马背。它客观真实地记录了距今1700多年前西北地区邮驿情形，是我国发现最早的古代邮驿的形象资料，在我国邮政史上实属罕见。1982年8月25日，为纪念中华全国集邮联合会第一次代表大会的召开，邮电部以《驿使图》为原型，发行了一枚面值1元的小型张纪念邮票，同时，邮政储汇局又于1994年起发行储蓄绿卡，《驿使图》悄然成为中国邮政的"形象大使"，从此家喻户晓。

五号墓前室东壁有一幅《出巡图》，长120厘米，宽45厘米，是嘉峪关魏晋墓现已发掘的墓葬中所有画像砖中最大的一幅。画面在六块砖画上展开。出行队伍的第一排为一骑马武官，第二排为三名骑马武官，第三排为二名骑马武士，第四排为一名骑马武官，第五排为三名骑马持矛武士，第六排为一名骑马武官，第七、第八排各为四骑马持矛武士。奔马四足腾空，尾平直如箭，头高高扬起，步态轻盈。出行队伍阵容庞大，浩浩荡荡。最后两排马，马头和骑士四个，而马尾却是五条，画工采用"藏头露尾"的绘画手法，表现出行场面的气势宏大。

五号墓前室东壁

前室东壁长284厘米，底部建有两个拱形耳室，拱顶起券两层。整面墙壁上有突出两层半块砖，象征房屋的屋檐。两层屋檐中间有三个壁龛，壁龛上方嵌有凸出的半块砖涂红色作屋檐状，屋檐下嵌有对缝立砖作门扉，门扉上绘有衔环铺首和朱雀，象征楼阁内建有多间房屋。两层屋檐中间有一层画像砖，共5幅，以反映狩猎、采桑、出行为主。第二层突出的半块砖下分布有四层画像砖，共22幅，以狩猎、采桑、农耕、畜牧、出巡、驿传等内容为主，反映墓主人生产活动场景。

狩猎图（一）

《狩猎图（一）》出土于嘉峪关新城魏晋墓五号墓，位于前室东壁北侧从上而下第一层，画面规格为长34.5厘米，宽17厘米，现保存陈列于甘肃省博物馆内。

画面内容为一猎人骑马射猎。马四蹄奋张，向前疾驰，猎人返身弯弓驰射，箭已射出，正中奔跑的猎物后颈。马前方有一棵茂盛的大树。

守卫图（一）

《守卫图（一）》出土于嘉峪关新城魏晋墓五号墓，位于前室东壁从上而下第一层，画面规格为长14厘米，宽17厘米，现保存陈列于甘肃省博物馆内。

画面内容为一男子，左手持棍，右手叉腰站立，正在守卫庄园。

采桑图（一）

《采桑图（一）》出土于嘉峪关新城魏晋墓五号墓，位于前室东壁从上而下第一层，画面规格为长14厘米，宽17厘米，现保存陈列于甘肃省博物馆内。

画面内容为一女子站在桑树下，右手提笼，左手举起正在采摘桑叶。

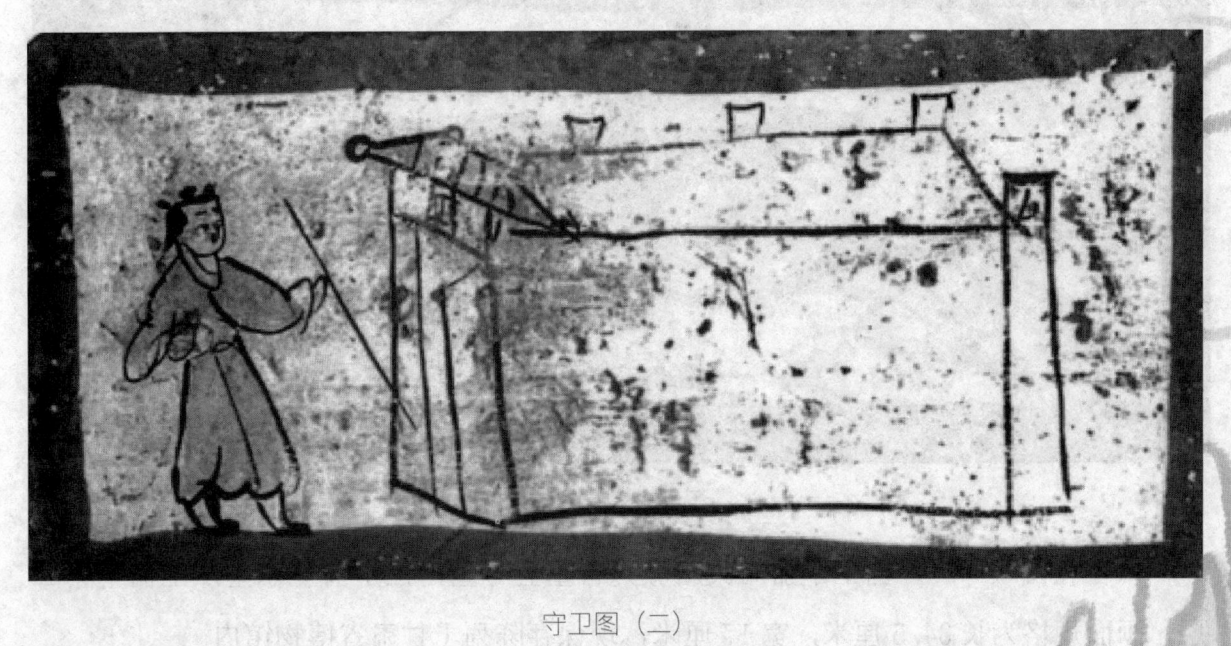

守卫图（二）

《守卫图（二）》出土于嘉峪关新城魏晋墓五号墓，位于前室东壁南侧从上而下第一层，画面规格为长34.5厘米，宽17厘米，现保存陈列于甘肃省博物馆内。

画面内容为一男子手持棍棒站在坞堡外，正在守卫。坞堡上面有垛口，门半开。

采桑图（二）

《采桑图（二）》出土于嘉峪关新城魏晋墓五号墓，位于前室东壁北侧从上而下第二层，画面规格为长34.5厘米，宽17厘米，现保存陈列于甘肃省博物馆内。

画面内容为一女子右手持笼钩，左手提笼，正在采摘桑叶。在嘉峪关新城魏晋墓出土的画像砖中，采桑、丝束、绢帛画面较多，反映出魏晋时期河西地区气候相对湿润，适宜种桑养蚕、纺织缫丝。

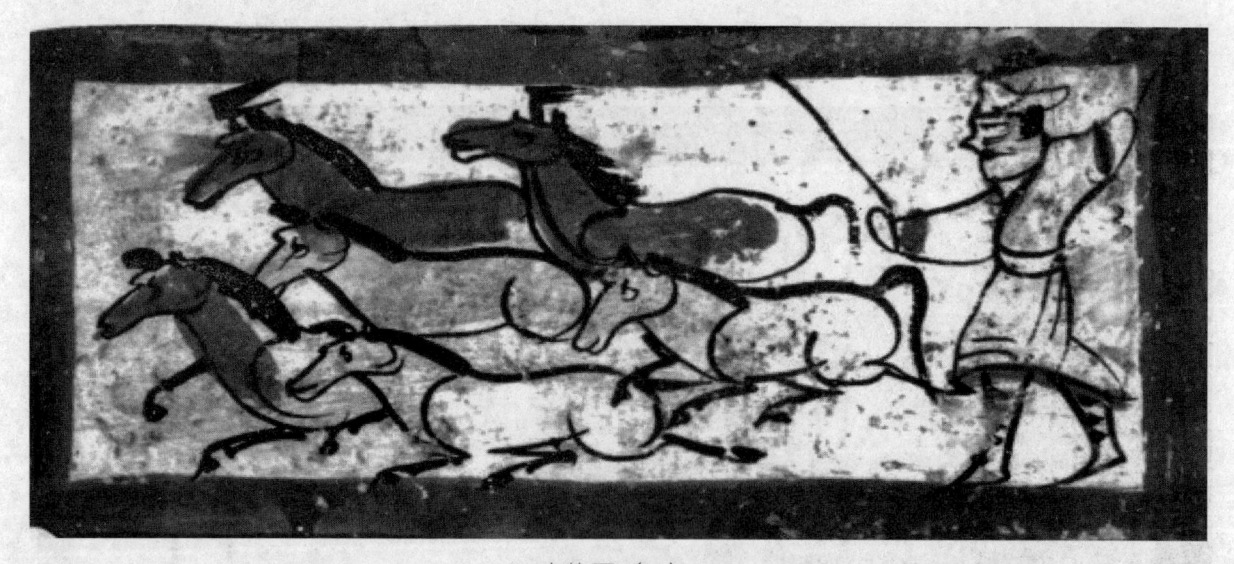

畜牧图（一）

《畜牧图（一）》出土于嘉峪关新城魏晋墓五号墓，位于前室东壁从上而下第二层，画面规格为长34.5厘米，宽17厘米，现保存陈列于甘肃省博物馆内。

画面内容为一牧马人右手扬鞭，左手向后伸展，驱赶着六匹马，正在牧马。牧马人高鼻深目，身穿窄袖袍服，足蹬长靴。宋·沈括《梦溪笔谈》卷一中说："窄袖绯绿短衣、长靿靴、有蹀躞带者，皆胡服也。"由此可见，画面中的牧马人为西域少数民族。

犊车图（一）

《犊车图（一）》出土于嘉峪关新城魏晋墓五号墓，位于前室东壁从上而下第二层，画面规格为长34.5厘米，宽17厘米，现保存陈列于甘肃省博物馆内。

画面内容为一头牛驾着犊车正在前行。犊车两辕直出车后，车辕为曲辕，车轮较大。车顶有卷棚，车厢四角竖有直木，高于顶。

进食图（一）

《进食图（一）》出土于嘉峪关新城魏晋墓五号墓，位于前室东壁从上而下第二层，画面规格为长14厘米，宽17厘米，现保存陈列于甘肃省博物馆内。

画面内容为一侍女右手托盘，左手持钵，正在前行。盘中盛着几个圆锥形的食物。

采桑图（三）

《采桑图（三）》出土于嘉峪关新城魏晋墓五号墓，位于前室东壁从上而下第二层，画面规格为长34.5厘米，宽17厘米，现保存陈列于甘肃省博物馆内。

画面内容为二人在桑树下采桑。一人右手持钩，左手提笼；另一人在树下戏耍。两个皆编发作辫。所谓辫发，是将头发编成若干条辫子垂于项背。据晋·陈寿《三国志·魏书·乌丸鲜卑东夷传》评注《魏略》云："氐人俗能织布，善田种，畜养猪、牛、马、驴、骡，其妇人……皆辫发。"由此可见，画面中的二人为氐人。

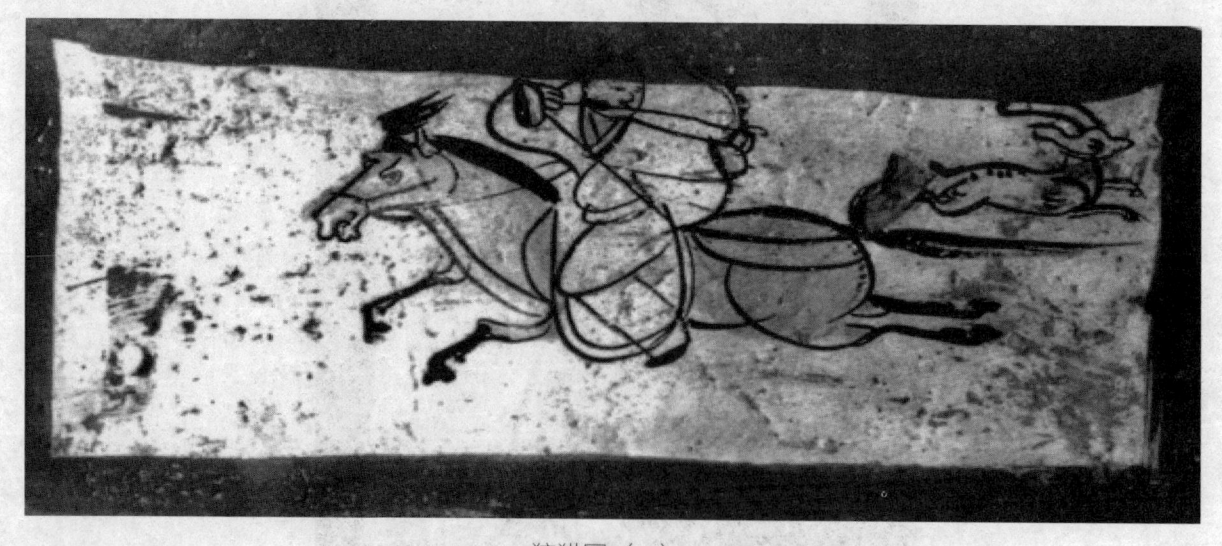

狩猎图（二）

《狩猎图（二）》出土于嘉峪关新城魏晋墓五号墓，位于前室东壁从上而下第二层，画面规格为长34.5厘米，宽17厘米，现保存陈列于甘肃省博物馆内。

画面内容为一位猎人正在狩猎。猎人骑马向前奔驰，返身弯弓射箭，欲射向一只奔逃的野羊。

果木园图（一）

《果木园图（一）》出土于嘉峪关新城魏晋墓五号墓，位于前室东壁南侧从上而下第二层，画面规格为长24厘米，宽17厘米，现保存陈列于甘肃省博物馆内。

画面内容为一座果木园，前方开有一门，门扉半开。四周有高墙围绕，园内树木繁茂，枝叶披露于墙头。

狩猎图（三）

《狩猎图（三）》出土于嘉峪关新城魏晋墓五号墓，位于前室东壁北侧从上而下第三层，画面规格为长34.5厘米，宽17厘米，现保存陈列于甘肃省博物馆内。

画面内容为一猎人右手持鹰架，左手放飞一只鹰，捕捉飞逃的三只野鸡。三只野鸡绘于东壁墙角的半块砖上，与北壁半块砖相连，构成一幅完整的狩猎的画面。

畜牧图（二）

《畜牧图（二）》出土于嘉峪关新城魏晋墓五号墓，位于前室东壁从上而下第三层，画面规格为长34.5厘米，宽17厘米，现保存陈列于甘肃省博物馆内。

画面内容为一牧人手持弓箭，赶着七头牛正在牧牛。牧牛人未着帽，足蹬长靴。

犁地图（一）

《犁地图（一）》出土于嘉峪关新城魏晋墓五号墓，位于前室东壁从上而下第三层，画面规格为长34.5厘米，宽17厘米，现保存陈列于甘肃省博物馆内。

画面内容为一农夫右手扶犁，左手扬鞭，驱赶着两头牛正在犁地。一黄一黑两头牛，挽拉单辕犁，牛鼻穿环，系以牛䎬，缰绳系于犁把。

守卫图（三）

《守卫图（三）》出土于嘉峪关新城魏晋墓五号墓，位于前室东壁从上而下第三层，画面规格为长34.5厘米，宽17厘米，现保存陈列于甘肃省博物馆内。

画面内容为一位男子立于坞门之前，坞门大开，坞门前面有一棵树，树下蹲着一只狗。坞，又称坞堡或坞壁，是一种民间防卫性建筑，坞的四周有高墙围绕，前面设有大门，门上有楼，楼上有垛口以便瞭望，这种防备森严的坞堡是当时阶级矛盾的产物。魏晋时期世家大族或地方豪强为保护自给自足的庄园经济，纷纷筑坞自守。

犁地图（二）

《犁地图（二）》出土于嘉峪关新城魏晋墓五号墓，位于前室东壁从上而下第三层，画面规格为长34.5厘米，宽17厘米，现保存陈列于甘肃省博物馆内。

画面内容为一农夫左手扬鞭，右手扶犁，驱赶着两头牛正在犁地。犁为直辕犁，二牛抬杠的直辕犁较笨重，破土不深。

扬场图

《扬场图》出土于嘉峪关新城魏晋墓五号墓，位于前室东壁从上而下第三层，画面规格为长34.5厘米，宽17厘米，现保存陈列于甘肃省博物馆内。

画面内容为一农夫手持叉扬场，叉下有谷粒落下，谷物堆前有一只小鸡，农夫身后亦有两只鸡前来觅食。

耙地图（一）

《耙地图（一）》出土于嘉峪关新城魏晋墓五号墓，位于前室东壁从上而下第三层，画面规格为长34.5厘米，宽17厘米，现保存陈列于甘肃省博物馆内。

画面内容为一农夫左手持鞭，右手揽缰绳，立于二牛抬杠的耙上，驱赶着两头牛正在耙地。

驿使图

《驿使图》出土于嘉峪关新城魏晋墓五号墓，位于前室东壁北侧从上而下第四层，画面规格为长34.5厘米，宽17厘米，现保存陈列于甘肃省博物馆内。

画面内容为一位头戴黑介帻，身着皂缘领袖中衣的邮驿使，左手持棨，右手揽缰绳，策马急驰，驿骑四蹄腾空，信使稳坐马背。

出巡图（一）

《出巡图（一）》出土于嘉峪关新城魏晋墓五号墓，位于前室东壁从上而下第四层，原画面规格为长120厘米，宽45厘米，画面在六块砖上展开，是嘉峪关魏晋墓现已发掘的墓葬中所有画像砖中最大的一幅。现保存陈列于甘肃省博物馆内。上图为临摹作品。

画面内容为墓主人出行的场景。出行队伍的第一排为骑马武官，第二排为三名骑马武官，第三排为二名骑马武士，第四排为一名骑马武官，第五排为三名骑马持矛武士，第六排为一名骑马武官，第七、第八排各为四骑马持矛武士。奔马四足腾空，尾平直如箭，头高高扬起，步态轻盈。最后两排马，马头和骑士四个，而马尾却是五条，画工采用"藏头露尾"的绘画手法，表现出行场面的气势宏大。

耱地图

《耱地图》出土于嘉峪关新城魏晋墓五号墓，位于前室东壁从上而下第四层，画面规格为长34.5厘米，宽17厘米，现保存陈列于甘肃省博物馆内。

画面内容为一农夫左手持鞭，右手揽缰绳，身体微微前倾立于二牛抬杠的耱上耱地。

出行图（一）

《出行图（一）》出土于嘉峪关新城魏晋墓五号墓，位于前室东壁从上而下第五层，画面规格为长34.5厘米，宽17厘米，现保存陈列于甘肃省博物馆内。

画面内容为一男子骑马前行。马正在向前疾驰，男子骑在马上，右手揽缰绳，身后背一柄长杆。

畜牧图（三）

《畜牧图（三）》出土于嘉峪关新城魏晋墓五号墓，位于前室东壁北侧从上而下第五层，画面规格为长34.5厘米，宽17厘米，现保存陈列于甘肃省博物馆内。

画面内容为一牧人正在牧羊。牧人足蹬长靴，右手持鞭，前面有十二只山羊，比较肥壮，最后一只为黑色小羊羔。

打连枷图

《打连枷图》出土于嘉峪关新城魏晋墓五号墓，位于前室东壁从上而下第五层，画面规格为长34.5厘米，宽17厘米，现保存陈列于甘肃省博物馆内。

画面内容为一农夫手持连枷打场。农夫高高举起连枷，向前方的一堆谷物打去。

· 021 ·

拴马图

　　《拴马图》出土于嘉峪关新城魏晋墓五号墓，位于前室东壁南侧从上而下第五层，画面规格为长28厘米，宽17厘米，现保存陈列于甘肃省博物馆内。

　　画面内容为一匹马被拴在木桩上。马比较肥壮，身体呈黄色，嘴部和现代的马相比较瘦长。

进食图（二）

　　《进食图（二）》出土于嘉峪关新城魏晋墓五号墓，位于前室西壁从上而下第一层，画面规格为长13厘米，宽17厘米，现保存陈列于甘肃省博物馆内。

　　画面内容为一侍女右手持魁（一种舀汤的食具），左手持钵，慢步前行，正给主人送汤食。

进食图（三）

《进食图（三）》出土于嘉峪关新城魏晋墓五号墓，位于前室西壁从上而下第一层，画面规格为长14厘米，宽17厘米，现保存陈列于甘肃省博物馆内。

画面内容为一侍女左手持勺，右手持钵，慢步前行，正给主人送汤食。砖的上面平砌两块砖，厚4厘米，下面一块涂满黑色，上面一块绘虎头纹饰装饰图案。

进食图（四）

《进食图（四）》出土于嘉峪关新城魏晋墓五号墓，位于前室西壁从上而下第一层，画面规格为长34.5厘米，宽17厘米。现保存陈列于甘肃省博物馆内。

画面内容为三个侍女缓缓前行，为主人送食物。前面一人捧盆，盆内放一勺，后面二人捧圆盘，盘上放着耳杯。

庖厨图（一）

《庖厨图（一）》出土于嘉峪关新城魏晋墓五号墓，位于前室西壁南侧从上而下第一层，画面规格为长34.5厘米，宽17厘米。现保存陈列于甘肃省博物馆内。

画面内容为一婢女正在烧火烹食。婢女双膝跪在地上，左手持一根柴草，身前放一个三足架，架上置一釜，釜内有一勺，釜下有火苗蹿出。

庖厨图（二）

《庖厨图（二）》出土于嘉峪关新城魏晋墓五号墓，位于前室西壁从上而下第二层，画面规格为长34.5厘米，宽17厘米。现保存陈列于甘肃省博物馆内。

画面内容为一婢女跪在灶前烧火烹食。婢女着红衣，左手持一根柴火杆，正往灶里添柴。火很旺，红色的火苗向上蹿，灶上放一钵，钵内的热气向上弥漫。婢女身后放一宽沿的盆。

进食图（五）

《进食图（五）》出土于嘉峪关新城魏晋墓五号墓，位于前室西壁从上而下第二层，画面规格为长34.5厘米，宽17厘米。现保存陈列于甘肃省博物馆内。

画面内容为两个侍女前行为主人送食物。前面一侍女双手捧着食奁，内放一勺。后面一侍女捧着钵，钵内放一勺。

守卫图（四）

《守卫图（四）》出土于嘉峪关新城魏晋墓五号墓，位于前室西壁从上而下第二层，画面规格为长34.5厘米，宽17厘米。现保存陈列于甘肃省博物馆内。

画面内容为一男子手持木棍从坞门走出。坞堡前后各有一棵大树，坞壁上画有一头猪。

牛车图（一）

《牛车图（一）》出土于嘉峪关新城魏晋墓五号墓，位于前室西壁北侧从上而下第二层，画面规格为长34.5厘米，宽17厘米。现保存陈列于甘肃省博物馆内。

画面内容为一男子坐在露车上驾牛车前行，车厢前后竖四根直木，车轮较大。

果木园图（二）

《果木园图（二）》出土于嘉峪关新城魏晋墓五号墓，位于前室西壁南侧从上而下第二层，画面规格为长34.5厘米，宽17厘米，现保存陈列于甘肃省博物馆内。

画面内容为一男子左手持一钩状物，钩向树梢，守护果木园。果木园四周高墙围绕，前方开有一门，园门大开。园内果木繁茂，枝叶披露墙头，树上方有一只鸟飞过。

宰牛图（一）

《宰牛图（一）》出土于嘉峪关新城魏晋墓五号墓，位于前室西壁从上而下第三层，画面规格为长34.5厘米，宽17厘米。现保存陈列于甘肃省博物馆内。

画面内容为一屠夫右手紧攥牛的缰绳，左手举着榔头，准备击杀牛，牛挣扎着往后退。屠夫前面放置一盆。

犊车图（二）

《犊车图（二）》出土于嘉峪关新城魏晋墓五号墓，位于前室西壁从上而下第三层，画面规格为长34.5厘米，宽17厘米。现保存陈列于甘肃省博物馆内。

画面内容为一辆犊车停放在地上，一头牛拴在犊车上，立于犊车前。犊车车轮较大，车顶有卷棚，车厢上竖有直木。

狩猎图（四）

《狩猎图（四）》出土于嘉峪关新城魏晋墓五号墓，位于前室西壁北侧从上而下第三层，画面规格为长34.5厘米，宽17厘米，现保存陈列于甘肃省博物馆内。

画面内容为一猎人拉满弓，准备射一只飞鸟。猎人前方有一棵大树。

宴饮图（一）

《宴饮图（一）》出土于嘉峪关新城魏晋墓五号墓，位于前室西壁南侧从上而下第三层，画面规格为长34.5厘米，宽17厘米，现保存陈列于甘肃省博物馆内。

画面内容为男墓主人正在招待宾客。画面中宾主四人两边相对而坐，左边上方一人举着耳杯，右边上方一人手持便面，正在宴饮作乐。中间放置勺、樽、镟三器一组的食器，旁有一侍童正伸手取勺为宾主取食。

宰羊图（一）

《宰羊图（一）》出土于嘉峪关新城魏晋墓五号墓，位于前室西壁从上而下第四层，画面规格为长34.5厘米，宽17厘米。现保存陈列于甘肃省博物馆内。

画面内容为一庖丁持刀宰羊。羊腿用绳绑着，四足倒悬。庖丁左手持刀，右手抓着羊的一条后腿，正欲下刀。下垂的羊头下放置一盆，盆内接满了血。

杀鸡图

《杀鸡图》出土于嘉峪关新城魏晋墓五号墓，位于前室西壁从上而下第四层，画面规格为长34.5厘米，宽17厘米。现保存陈列于甘肃省博物馆内。

画面内容为两婢女相对席地跪坐，袖子高高挽起，聚精会神地在烫鸡去毛。左边盆内的鸡带毛有冠，右边盆内的鸡毛已拔光。

进食图（六）

《进食图（六）》出土于嘉峪关新城魏晋墓五号墓，位于前室西壁从上而下第四层，画面规格为长34.5厘米，宽17厘米。现保存陈列于甘肃省博物馆内。

画面内容为四个侍女前往进食。第一个侍女持盘，盘上盛有食物；第二个侍女双手捧着食盉，盉内放一勺；后面两个侍女捧食案，案上放有耳杯和箸。四人徐徐前行，正在为主人送食物。

杀猪图（一）

《杀猪图（一）》出土于嘉峪关新城魏晋墓五号墓，位于前室西壁北侧从上而下第四层，画面规格为长34.5厘米，宽17厘米，现保存陈列于甘肃省博物馆内。

画面内容为一头膘肥体壮的猪伏在斜案上，一屠夫左手扶猪后臀，右手举刀准备杀猪，身后放置一盆。

宴饮图（二）

《宴饮图（二）》出土于嘉峪关新城魏晋墓五号墓，位于前室西壁南侧从上而下第四层，画面规格为长34.5厘米，宽17厘米，现保存陈列于甘肃省博物馆内。

画面内容为女墓主人正在招待宾客。画面中女宾主二人对坐宴饮，身后各有一侍女持团扇为其扇凉，中间放置勺、樽、镟三器一组的食器。

猎鹰图

《猎鹰图》出土于嘉峪关新城魏晋墓五号墓，位于前室西壁北侧从上而下第五层，画面规格为长34.5厘米，宽17厘米，现保存陈列于甘肃省博物馆内。

画面内容为一猎人骑马架鹰在树林中狩猎。骏马四蹄腾空在奔驰，猎鹰立于猎人手臂上，前面两只飞鸟正在惊逃。

庖厨图（三）

《庖厨图（三）》出土于嘉峪关新城魏晋墓五号墓，位于前室西壁南侧从上而下第五层，画面规格为长34.5厘米，宽17厘米，现保存陈列于甘肃省博物馆内。

画面内容为二庖丁在案上切肉，庖丁戴帽，袖子挽及胳膊肘。案下各放置一带耳的盘盛肉。

丝束图

　　《丝束图》出土于嘉峪关新城魏晋墓五号墓，位于后室南壁从上而下第四层，画面规格为长34.5厘米，宽17厘米。现保存陈列于甘肃省博物馆内。

　　画面内容为丝两束。魏晋时期朝代更替频繁，国家四分五裂，货币不统一，丝绸、绢帛可以取代货币用来交换，以物易物。因此，在魏晋墓画像砖中大多以丝绸、绢帛反映财富。

六号墓综述

六号墓是1972年10月31日至1973年1月13日期间，由甘肃省博物馆会同嘉峪关市文物清理小组进行发掘清理的，是西晋时期的一座夫妻合葬墓，距今已有1700多年的历史。六号墓的外部封土为圆形，封土残高2.5米，茔圈因洪水冲刷而消失。墓葬坐南朝北，筑墓方式为：先挖墓道，然后顺着墓道方向在地下根据墓室的大小挖出拱形土洞，再用干砖由后往前垒砌墓室，最后用砖砌墓门和门楼。墓道长27米，原为斜坡式的沙砾结构，墓葬垂直深度为10米。门楼残高4.25米，用干砖叠砌而成，由下方五层拱券结构的墓门和上方十层精美砖雕砖画组成。门楼上的砖雕和砖画排列有序，左右对称分布。底层中间为两块并列立砖，象征两扇门扉，门扉上面绘朱雀，下面绘虎头衔环辅首。左右两边有对称的两个阙的造型，阙身由"牛首人身"和"鸡首人身"砖雕组成，阙的出现显示出主人显赫的身份和地位。第二层中间为斗拱形造型砖，表示门楼为仿木质结构。门楼第三层镶嵌着两块龙头造型砖，龙是华夏民族的图腾，寓意着风调雨顺。三层往上依次叠砌着不同形态的托梁力士、托梁兽和斗拱造型砖。整座墓葬仿照墓主人生前居住的楼阁建筑修建而成，墓主人把生前居住房屋的建筑元素、建筑的装饰物融合在墓葬的修建上，反映出魏晋时期"事死如事生"的丧葬习俗。

六号墓的墓室分为前室、中室、后室。

前室长293厘米、宽310厘米、高350厘米。墓室结构为仿木质楼阁建筑。墓室修建采用干砖垒砌，砖与砖之间不用任何黏合剂。墓室顶部为覆斗顶，四个面由多个大小不同的等腰三角形构成，经过精确的计算，墓顶的正中以一块花纹方砖收顶。墓室墙壁四周上部有突出的两层半块砖，象征房屋的屋檐，在砖的背面和侧面分别涂有黑色线条、黑色圆点，代表屋檐上的椽子和椽头。四角残存有镶嵌角兽的痕迹。四周墙壁采用"三平一竖"的砌法干砖叠砌而成，东壁底部开有一个耳室，西壁底部开有两个耳室。画像砖就分布在四周墙壁砖面上。前室四壁分布着5层画像砖，共51幅，一砖一画或多砖一画，主要有农耕、采桑、屠宰、畜牧等内容，以反映庄园经济生活为主。

中室长240厘米、宽254厘米、高257厘米。墓室为覆斗顶，四壁上突出一层半块砖，象征房屋的屋檐。四壁分布五层画像砖，共计70幅，内容有宴饮、出行、舞蹈、奏乐、庖厨、丝束、首饰盒等，以反映男、女墓主人生活宴饮场景为主。

后室长328厘米、宽182厘米、高214厘米。后室是墓葬的主室，用来放置棺木。墓室顶部为拱券结构，只有南壁分布有四层画像砖，共计12幅。内容有鸳鸯首饰盒、成捆的丝绸、绢帛、丝团以及蚕茧等，以反映墓主人的家庭财富为主。

六号墓墓道

六号墓墓道长27米，原为砂砾结构，现有的台阶和水泥砖砌墙面是后期为了方便游客参观在原有墓道结构的基础上加固而成的。

六号墓门楼照墙

六号墓门楼残高 4.25 米，由五层拱券结构和十层精美的砖雕及砖画组成。门楼的正中是两块并列的立砖，象征两扇门扉，在门扉上方绘有两只朱雀，下方绘有衔环辅首；在门扉两侧各有一"牛首人身"和"鸡首人身"砖雕，用于驱恶辟邪。第二层中间为仿木质结构的斗拱造型砖。第三层中间为高举双臂、身体弯曲的托梁力士，以夸张的姿势表现出门楼非常的沉重和高大；两侧各有一砖雕龙头，龙是华夏民族的图腾，寓意着风调雨顺；再往上依次叠砌着托梁兽、托梁力士和斗拱造型砖。整个门楼及墓室都是仿照墓主人生前居住的楼阁建筑修建而成的，表现墓主人向往死后过着和生前一样的生活，反映出魏晋时期"事死如事生"的丧葬习俗。

门扉图

《门扉图》出土于嘉峪关新城魏晋墓六号墓,位于门楼从下往上第一层的正中间。这两块并列的立砖象征两扇门扉,门扉上方绘有两只朱雀,下方绘有虎头衔环辅首。

"牛首人身"和"鸡首人身"砖雕

"牛首人身"和"鸡首人身"砖雕出土于嘉峪关新城魏晋墓六号墓,位于门楼从下往上第一层。在门扉的两侧各有一块"鸡首人身"和"牛首人身"的砖雕。古人认为,鸡,是引导亡者灵魂前往阴间世界的神物,具有驱恶辟邪的作用。牛,是力量和丰饶的象征,神话传说中的神农和蚩尤都是牛首人身,因此"牛首人身"表达人们对开创原始农业的神农的崇拜和怀念,寄望神灵保佑墓主人在另一个世界依然能衣食无忧。

托举力士砖雕

　　托举力士砖雕出土于嘉峪关新城魏晋墓六号墓,位于门楼照墙及前室。托举力士,上肢上举,头着赤或黑色的帻,下肢曲蹲。这种夸张的姿势表现出门楼非常的沉重,象征着墓主人在世显赫的权势和威仪。

侧头力士砖雕

　　侧头力士砖雕出土于嘉峪关新城魏晋墓六号墓,位于门楼照墙及前室。侧头力士,头着帻,一手托于头顶,一手支地或上举。这种夸张的姿势表现门楼非常的沉重,象征着墓主人在世显赫的权势和威仪。

托梁兽砖雕

托梁兽砖雕出土于嘉峪关新城魏晋墓六号墓,位于门楼照墙及前室。托梁兽为神话中的武吏,以负载的形象出现在魏晋墓中,是为了保护墓室的安宁,具有避邪威墓的作用。

斗拱造型砖

斗拱造型砖出土于嘉峪关新城魏晋墓六号墓,位于门楼照墙及前室。斗拱,是中国传统的木质建筑特有的一种结构。斗拱造型砖,表示门楼及墓室是仿木质结构的建筑。

六号墓前室墓顶及藻井砖

六号墓由前室、中室、后室三个墓室组成，墓室结构均仿照木质楼阁建筑。前室和中室的墓顶为覆斗顶，用干砖垒砌而成，砖与砖之间不用任何黏合剂，在一些较大的缝隙以碎瓦片及沙砾填充。墓顶四个面由多个大小不同的等腰三角形构成，根据力学与几何学原理，经过精确的计算，墓顶的正中嵌一块藻井砖——花纹方砖收顶，砖上绘有"火焰穿壁"花纹。

六号墓耳室

六号墓墓葬的前室东壁有一拱形耳室，前室西壁有两个拱形耳室，拱顶起券两层。耳室象征生前居住宅院内的厨房、仓库、牛马圈，同时，也用来放置陪葬品。

人字梁

人字梁造型砖出土于嘉峪关新城魏晋墓六号墓，位于前室的东壁和西壁。人字梁是中国传统木质建筑特有的结构，表示墓室仿照木质结构修建。

彩绘鸟图

《彩绘鸟图》出土于嘉峪关新城魏晋墓六号墓，位于前室、中室以及耳室的门洞拱券上方的三角砖上。屋檐下有鸟筑巢，寓意着魏晋时期河西地区太平祥和的社会背景。

六号墓前室北壁

六号墓前室北壁宽310厘米，中间有甬道。甬道门洞呈拱形，上部起券3层，正好与上部象征屋檐的突出的第二层半块砖相接。墙壁东侧上角因早期的盗洞被毁。门洞两侧自上而下分布有5层画像砖，画像砖之间顺砌平砖不均匀，少则2层，多则8层。画像砖绘于竖砌砖上，画面内容主要有饲养的牲畜鸡、牛、马、骆驼等及宰杀后割好的肉条，以表现墓主人家中牲畜兴旺的景象。

牵驼图

《牵驼图》出土于嘉峪关新城魏晋墓六号墓，位于前室北壁墓门西侧从上而下第二层，画面规格为长34.5厘米，宽17厘米。画面内容为一胡人，高鼻深目，头戴圆顶毡帽，一手持棍，一手牵着骆驼，缓缓地行走在戈壁之上，展现出古丝绸之路上"商胡贩客、日款于塞"的繁荣景象。

畜牧图（四）

《畜牧图（四）》出土于嘉峪关新城魏晋墓六号墓，位于前室北壁墓门西侧从上而下第三层，画面规格为长34.5厘米，宽17厘米。画面内容为五匹马在缓缓前行。

畜牧图（五）

《畜牧图（五）》出土于嘉峪关新城魏晋墓六号墓，位于前室北壁墓门西侧从上而下第四层，画面规格为长34.5厘米，宽17厘米。画面内容为一匹马、五头牛。

鸡群图

《鸡群图》出土于嘉峪关新城魏晋墓六号墓，位于前室北壁墓门西侧从上而下第五层，画面规格为长34.5厘米，宽17厘米。画面内容为一群鸡正在地上觅食，其中三只鸡头上画有花冠，尾巴羽毛翘起，显然是公鸡，其余的是母鸡。

肉块图

《肉块图》出土于嘉峪关新城魏晋墓六号墓，位于前室北壁墓门东侧从上而下第三层，画面规格为长34.5厘米，宽17厘米。画面内容为木架上悬挂着肉块，红色象征着精肉，黄色象征肉皮和肥肉。

守门犬图

《守门犬图》出土于嘉峪关新城魏晋墓六号墓，位于前室北壁墓门东侧从上而下第五层，画面规格为长34.5厘米，宽17厘米。画面内容为一条守门犬，犬身脊背拱起，尾巴卷曲上扬。

六号墓前室东壁

前室东壁长293厘米，底部开有一个拱形的耳室，拱顶起券两层。整壁分布有五层画像砖。除第三、第四层之间顺砌六层平砖外，其余各层之间均砌三层平砖。壁画绘于竖砌的砖上，除第一层以建筑装饰图案为主，第二层两块斗拱造型砖外，其余的画面内容有狩猎、采桑、侍女、屠宰牲畜、庖厨、农耕等，以表现墓主人富庶的庄园生活景象为主。

侍女图（一）

《侍女图（一）》出土于嘉峪关新城魏晋墓六号墓，位于前室东壁从上而下第一层，画面规格为长17厘米，宽17厘米。画面内容为一侍女身穿长及脚面的衣裙，忙碌地在回廊中穿梭。

鹰猎图（一）

《鹰猎图（一）》出土于嘉峪关新城魏晋墓六号墓，位于前室东壁从上而下第二层，画面规格为长34.5厘米，宽17厘米。画面内容为一手持鹰架的鹰户，正放飞一只猎鹰，雄鹰展翅朝着猎物飞去。

采桑图（四）

《采桑图（四）》出土于嘉峪关新城魏晋墓六号墓，位于前室东壁从上而下第二层，画面规格为长34.5厘米，宽17厘米。画面内容为中间一棵茂盛的桑树，树的左边一剪发赤足的少数民族妇女，一手提笼，一手采桑；右边一赤足穿红肚兜孩童，弯弓作射状护桑。采桑妇女穿短衣窄袖，二人均剪发垂项，为古代龟兹人的打扮。根据《晋书·西域传·龟兹》记载："龟兹人男女皆剪发垂项。"

采桑图（五）

《采桑图（五）》出土于嘉峪关新城魏晋墓六号墓，位于前室东壁从上而下第二层，画面规格为长34.5厘米，宽17厘米。画面内容为两旁各有一棵桑树，一赤足孩童穿红肚兜，双臂系彩缨，举双手采摘桑叶。

杀猪图（二）

《杀猪图（二）》出土于嘉峪关新城魏晋墓六号墓，位于前室东壁从上而下第三层，画面规格为长34.5厘米，宽17厘米。画面内容为一头形体笨重的猪伏在案上，案下放一盆，一位庖丁双手持长柄器物放在猪的臀部，准备宰杀。

杀猪图（三）

《杀猪图（三）》出土于嘉峪关新城魏晋墓六号墓，位于前室东壁从上而下第三层，画面规格为长34.5厘米，宽17厘米。画面内容为一头猪伏在案上已被宰杀，案下的盆里装满了血。一位戴帽庖丁正在给猪刮毛。

捶牛图

《捶牛图》出土于嘉峪关新城魏晋墓六号墓，位于前室东壁从上而下第三层，画面规格为长34.5厘米，宽17厘米。画面内容为一屠夫右手用力攥着牛缰绳，左手高举榔头，准备击杀牛。牛四蹄呈痉挛状，挣扎着不肯前行，背部高高拱起，眼睛瞪得通红，显得异常惊恐。

宰牛图（二）

《宰牛图（二）》出土于嘉峪关新城魏晋墓六号墓，位于前室东壁从上而下第四层，画面规格为长34.5厘米，宽17厘米。画面内容为牛已被杀，一庖丁将牛缚于木柱上，四足倒悬，准备解剖。

牵羊图

《牵羊图》出土于嘉峪关新城魏晋墓六号墓，位于前室东壁从上而下第四层，画面规格为长34.5厘米，宽17厘米。画面内容为一位庖丁头戴帽，身着彩色长袍，袍下坠花边，手牵一只肥壮的羊准备去宰杀。

宰羊图（二）

《宰羊图（二）》出土于嘉峪关新城魏晋墓六号墓，位于前室东壁从上而下第四层，画面规格为长34.5厘米，宽17厘米。画面内容为一只羊四足倒悬，被缚于木柱上，倒挂着待剥皮，颈部有鲜血流出。

侍女图（二）

《侍女图（二）》出土于嘉峪关新城魏晋墓六号墓，位于前室东壁从上而下第三层，画面规格为长 17 厘米，宽 17 厘米。画面内容为一侍女身穿长及脚面的衣裙，双手捧着长案，案上放有耳杯，正在前往送食。

侍女图（三）

《侍女图（三）》出土于嘉峪关新城魏晋墓六号墓，位于前室东壁从上而下第四层，画面规格为长 17 厘米，宽 17 厘米。画面内容为一侍女身着长及脚面的衣裙，双臂伸开，正在舞蹈。

进食图（七）

《进食图（七）》出土于嘉峪关新城魏晋墓六号墓，位于前室东壁从上而下第五层，画面规格为长34.5厘米，宽17厘米。画面内容为一侍女手持穿有炙肉的三股叉送餐，后面一侍女双膝着地正在加工食物。

侍女图（四）

《侍女图（四）》出土于嘉峪关新城魏晋墓六号墓，位于前室东壁从上而下第五层，画面规格为长17厘米，宽17厘米。画面内容为一侍女身着长及脚面的衣裙，双臂微甩，似乎急于去取食材。

庖厨图（四）

《庖厨图（四）》出土于嘉峪关新城魏晋墓六号墓，位于前室东壁从上而下第五层，画面规格为长34.5厘米，宽17厘米。画面内容为一婢女正在灶台前烧火，灶台上置一钵，身后放一罐或坛子之类的烹煮器皿，墙壁上挂有铁钩、俎案、带耳槃。

庖厨图（五）

《庖厨图（五）》出土于嘉峪关新城魏晋墓六号墓，位于前室东壁从上而下第五层，画面规格为长34.5厘米，宽17厘米。画面内容为两婢女跪在地上正在加工食物，左边一人双手抓着一只禽类，似在拔毛；右边一人身前放一盆在洗食物，准备烹煮。

耙地图（二）

《耙地图（二）》出土于嘉峪关新城魏晋墓六号墓，位于前室东壁从上而下第五层，画面规格为长34.5厘米，宽17厘米。画面内容为一农夫蹲在耙上，驾一头牛，正在耙地。蹲在耙上的男子，着褐衣，披发垂于项背不结髻编辫，这正是当时羌人的打扮。据《后汉书·西羌传》记载："羌人之俗披发覆面。"

六号墓前室南壁

前室南壁宽310厘米，中间有甬道与中室相连。甬道门洞呈拱形，上部起券三层，正好与上部象征屋檐的突出的第一层半块砖相接。门洞两侧分布有五层画像砖，每层顺砌平砖不均匀，少则两层，多则五层。壁画绘于竖砌的砖上。画面内容主要表现墓主人庄园土地富庶、农耕繁忙的景象，以采桑、耕地图为主。

侍女图（五）

《侍女图（五）》出土于嘉峪关新城魏晋墓六号墓，位于前室南壁墓门东侧从上而下第一层，画面规格为长17厘米，宽17厘米。画面内容为一侍女身着长及脚面的衣裙，左臂伸开，右臂曲于胸前，正在行走。

采桑图（六）

《采桑图（六）》出土于嘉峪关新城魏晋墓六号墓，位于前室南壁墓门东侧从上而下第二层，画面规格为长34.5厘米，宽17厘米。画面内容为一桑树下，左边一赤足穿红肚兜孩童，双臂系彩缨，举手采桑，右边一剪发赤足妇女举手采桑。采桑妇女穿短衣窄袖，二人均剪发垂项，为古代龟兹人的打扮。根据《晋书·西域传·龟兹》记载："龟兹人男女皆剪发垂项。"

坞壁图

《坞壁图》出土于嘉峪关新城魏晋墓六号墓，位于前室南壁墓门东侧从上而下第三层，画面规格为长34.5厘米，宽17厘米。画面内容为一座四周高墙环绕的坞，中间高耸的楼橹，用以瞭望、俯射。前方大门敞开，门前有一棵大树。

犁地图（三）

《犁地图（三）》出土于嘉峪关新城魏晋墓六号墓，位于前室南壁墓门东侧从上而下第四层，画面规格为长34.5厘米，宽17厘米。画面内容为一位农夫扬鞭，驾一头牛正在犁地。

犁地图（四）

《犁地图（四）》出土于嘉峪关新城魏晋墓六号墓，位于前室南壁墓门东侧从上而下第五层，画面规格为长34.5厘米，宽17厘米。画面内容为一农夫扬鞭，驾一头牛正在犁地。

耙地图（三）

《耙地图（三）》出土于嘉峪关新城魏晋墓六号墓，位于前室南壁墓门西侧从上而下第二层，画面规格为长34.5厘米，宽17厘米。画面内容为一牛拉耙，一人蹲在耙上，加重耙的重量，达到破土保墒的目的。蹲在耙上的男子，着褐衣，披发垂于项背不结髻编辫，这正是当时羌人的打扮。据《后汉书·西羌传》记载："羌人之俗批发覆面。"

· 057 ·

犊车图（三）

《犊车图（三）》出土于嘉峪关新城魏晋墓六号墓，位于前室南壁墓门西侧从上而下第三层，画面规格为长34.5厘米，宽17厘米。画面内容为一头黑驴驾一辆犊车。车厢竖有四根直木，搭卷棚。

畜牧图（六）

《畜牧图（六）》出土于嘉峪关新城魏晋墓六号墓，位于前室南壁墓门西侧从上而下第四层，画面规格为长34.5厘米，宽17厘米。画面内容为七只羊，其中有大羊、有羊羔，体型肥壮，可见当时河西地区畜牧业较为发达。

耙地图（四）

《耙地图（四）》出土于嘉峪关新城魏晋墓六号墓，位于前室南壁墓门西侧从上而下第五层，画面规格为长34.5厘米，宽17厘米。画面内容为一农夫蹲在耙上，驾一头牛，正在耙地。

六号墓前室西壁

前室西壁长293厘米，底部有两个拱形的耳室，拱顶起券两层。整壁分布有五层画像砖。画像砖之间顺砌平砖不均匀，少则三层，多则五层。壁画绘于竖砌的砖上，除第一层以建筑装饰图案为主，第二层两块斗拱造型砖外，其余的画面内容主要是表现墓主人家庄园富庶、牲畜兴旺的景象，有畜牧图、耕地图、侍女图和宰猪图等。

侍女图（六）

《侍女图（六）》出土于嘉峪关新城魏晋墓六号墓，位于前室西壁从上而下第一层，画面规格为长17厘米，宽17厘米。画面内容为一侍女手持团扇，欲前往为主人扇凉。

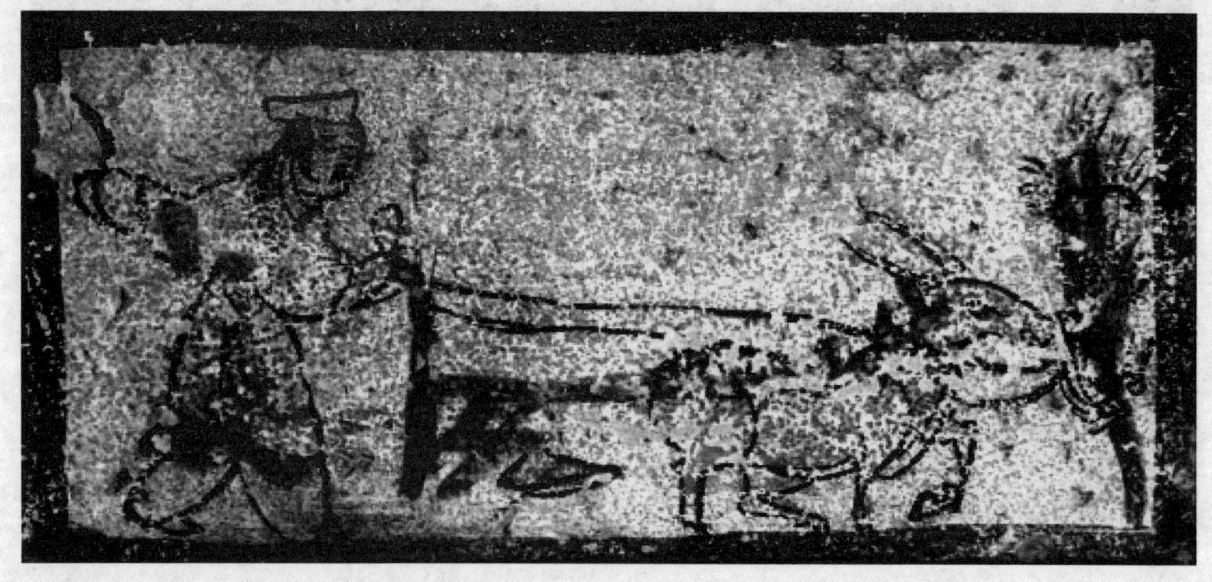

犁地图（五）

《犁地图（五）》出土于嘉峪关新城魏晋墓六号墓，位于前室西壁从上而下第二层，画面规格为长34.5厘米，宽17厘米。画面内容为一农夫头戴帽子，右手持鞭，左手扶直辕犁把，驾一头牛正在犁地。犁头成锐角三角形，便于破土深耕，牛前方有棵树。

畜牧图（七）

《畜牧图（七）》出土于嘉峪关新城魏晋墓六号墓，位于前室西壁从上而下第三层，画面规格为长34.5厘米，宽17厘米。画面内容为四匹马在前行。

杀猪图（四）

《杀猪图（四）》出土于嘉峪关新城魏晋墓六号墓，位于前室西壁从上而下第三层，画面规格为长34.5厘米，宽17厘米。画面内容为一屠夫正在杀猪。一头膘肥体壮的猪伏在长案上，案下的盆内盛满了血。屠夫头戴帽，穿长袍，扎腰，一手扶在猪后臀上，一手持长柄器物正在杀猪。

畜牧图（八）

《畜牧图（八）》出土于嘉峪关新城魏晋墓六号墓，位于前室西壁从上而下第四层，画面规格为长34.5厘米，宽17厘米。画面内容为九只羊正在悠行，羊色彩不一，皆身体肥壮，可见河西一带畜草丰茂。

侍女图（七）

《侍女图（七）》出土于嘉峪关新城魏晋墓六号墓，位于前室西壁从上而下第四层，画面规格为长17厘米，宽17厘米。画面内容为一位身着长裙的侍女在庄园中忙碌地穿梭。

犁地图（六）

《犁地图（六）》出土于嘉峪关新城魏晋墓六号墓，位于前室西壁从上而下第五层，画面规格为长34.5厘米，宽17厘米。画面内容为一农夫头戴帽，左手扶犁，右手扬鞭，驱赶着一头牛正在犁地。

六号墓中室东壁

中室东壁长240厘米，整壁分布有五层画像砖。画像砖分布比较均匀，均为三层平砌砖夹一层竖砌砖，壁画绘于竖砌的砖上。每两幅壁画之间夹一块或两块丁砌侧砖，上面绘交叉斜线条，形成两组对称三角，三角内绘螺旋形的云气纹。整壁共有壁画35幅，画面内容主要是表现女墓主人生活的绢帛、妆奁、宴饮等画面。

庖厨图（六）

《庖厨图（六）》出土于嘉峪关新城魏晋墓六号墓，位于中室东壁北侧从上而下第二层，画面规格为长34.5厘米，宽17厘米。画面内容为一位戴帽的庖丁在俎案上剔骨头。墙壁上有五个铁钩，挂着剔好的肉，下面有一个大盆盛着刚烹饪好的食物，还冒着热气。

进食图（八）

《进食图（八）》出土于嘉峪关新城魏晋墓六号墓，位于中室东壁从上而下第二层，画面规格为长34.5厘米，宽17厘米。画面内容为两位侍女手捧托盘，盘内放有食物，准备前往送食。旁边的厨壁上悬挂着炙肉用的铁叉。

进食图（九）

《进食图（九）》出土于嘉峪关新城魏晋墓六号墓，位于中室东壁从上而下第二层，画面规格为长34.5厘米，宽17厘米。画面内容为两位侍女身穿长及脚面的衣裙，双手捧着长案，案上放有耳杯，正去为主人送食。

宴饮图（三）

《宴饮图（三）》出土于嘉峪关新城魏晋墓六号墓，位于中室东壁从上而下第二层，画面规格为长34.5厘米，宽17厘米。画面内容为女墓主人体态丰盈跪坐于席，面前放有餐盘，身后一侍女手持团扇为其扇凉。

宴饮图（四）

《宴饮图（四）》出土于嘉峪关新城魏晋墓六号墓，位于中室东壁从上而下第二层，画面规格为长34.5厘米，宽17厘米。画面内容为女宾客坐着回身取身后的食盘。身前也放有一食盘，盘中盛有丰盛的食物。

宴饮图（五）

《宴饮图（五）》出土于嘉峪关新城魏晋墓六号墓，位于中室东壁从上而下第二层，画面规格为长34.5厘米，宽17厘米。画面内容为女宾客跪坐于席，面前放着一个餐盘，盘上放着食物和一双箸，旁边放着一个耳杯。

宴舞图（一）

《宴舞图（一）》出土于嘉峪关新城魏晋墓六号墓，位于中室东壁南侧从上而下第二层，画面规格为长34.5厘米，宽17厘米。画面内容为三位舞女手持巾或团扇正在为宴饮的女主人舞蹈助兴。

庖厨图（七）

《庖厨图（七）》出土于嘉峪关新城魏晋墓六号墓，位于中室东壁北侧从上而下第三层，画面规格为长34.5厘米，宽17厘米。画面内容为一庖丁正在俎案上加工食物。墙壁上悬挂着四把炙肉用的三股铁叉，下面放一个大盆，盆里盛着已烹饪好的食物，还冒着热气。

· 067 ·

进食图（十）

《进食图（十）》出土于嘉峪关新城魏晋墓六号墓，位于中室东壁从上而下第三层，画面规格为长34.5厘米，宽17厘米。画面内容为两侍女手捧托盘，盘内放有食物，准备前往送食。旁边的厨壁上悬挂着炙肉用的铁叉。

宴饮图（六）

《宴饮图（六）》出土于嘉峪关新城魏晋墓六号墓，位于中室东壁从上而下第三层，画面规格为长34.5厘米，宽17厘米。画面内容为女墓主人跪坐于席，面前放一餐盘，餐盘上有食物和筷子。一位男仆跪坐在一旁服侍。女主人伸手欲取食物，男仆俯身伸手为主人端食盘。

宴饮图（七）

《宴饮图（七）》出土于嘉峪关新城魏晋墓六号墓，位于中室东壁从上而下第三层，画面规格为长34.5厘米，宽17厘米。画面内容为女主人衣着华丽跪坐于席，身前食案移到较远处，案上杯盘狼藉。一位侍女手持餐巾欲递给女主人，主人伸手欲接。

宴饮图（八）

《宴饮图（八）》出土于嘉峪关新城魏晋墓六号墓，位于中室东壁从上而下第三层，画面规格为长34.5厘米，宽17厘米。画面内容为一侍女手持圆盘，盘上似有一碗。侍女前面放着勺、樽、镟三器一组的食器。侍女伸手准备取勺盛食物。

· 069 ·

宴饮图（九）

《宴饮图（九）》出土于嘉峪关新城魏晋墓六号墓，位于中室东壁从上而下第三层，画面规格为长34.5厘米，宽17厘米。画面内容为女主人跪坐于席，一手举炙肉欲食，身前放一个餐盘。

宴舞图（二）

《宴舞图（二）》出土于嘉峪关新城魏晋墓六号墓，位于中室东壁南侧从上而下第三层，画面规格为长34.5厘米，宽17厘米。画面内容为两名舞女正在跳舞，一人手持团扇。

进食图（十一）

《进食图（十一）》出土于嘉峪关新城魏晋墓六号墓，位于中室东壁从上而下第四层，画面规格为长 34.5 厘米，宽 17 厘米。画面内容为两侍女双手捧托盘正前往主人处送食。

进食图（十二）

《进食图（十二）》出土于嘉峪关新城魏晋墓六号墓，位于中室东壁从上而下第四层，画面规格为长 34.5 厘米，宽 17 厘米。画面内容为两侍女双手捧托盘正前往主人处送食。

宴饮图（十）

《宴饮图（十）》出土于嘉峪关新城魏晋墓六号墓，位于中室东壁从上而下第四层，画面规格为长 34.5 厘米，宽 17 厘米。画面内容为女宾客跪坐于席，一侍女跪坐于宾客面前递上团扇，宾客伸手欲接。主仆中间放一餐盘，盘上有丰盛的食物和一双箸。

宴饮图（十一）

《宴饮图（十一）》出土于嘉峪关新城魏晋墓六号墓，位于中室东壁从上而下第四层，画面规格为长 34.5 厘米，宽 17 厘米。画面内容为女宾客跪坐于席，一手持团扇正在扇凉，身前放着一个食盘，盘上有丰盛的食物和一双箸。

宴饮图（十二）

《宴饮图（十二）》出土于嘉峪关新城魏晋墓六号墓，位于中室东壁从上而下第四层，画面规格为长34.5厘米，宽17厘米。画面内容为女主人衣着华丽跪坐于席，正在进餐。一侍女跪坐手捧一盘食物俯身向前，女主人伸手欲取。主仆中间放着一个餐盘，餐盘中盛有食物。

宴舞图（三）

《宴舞图（三）》出土于嘉峪关新城魏晋墓六号墓，位于中室东壁南侧从上而下第四层，画面规格为长34.5厘米，宽17厘米。画面内容为两舞女手持团扇或巾正在翩翩起舞。

六号墓中室西壁

中室西壁长240厘米，整壁分布有五层画像砖。画像砖分布比较均匀，均为三层平砌砖夹一层竖砌砖，壁画绘于竖砌的砖上。每两幅画像砖之间夹一块或两块丁砌侧砖，上面绘交叉斜线条，形成两组对称三角，三角内绘螺旋形的云气纹。整壁共有画像砖35幅，画面内容主要是表现男墓主人生前出行时的排场、声势及宴饮等场面。

出巡图（二）

《出巡图（二）》出土于嘉峪关新城魏晋墓六号墓，位于中室西壁南侧从上而下第一层，画面规格为长34.5厘米，宽17厘米。画面内容为一骑吏骑马疾驰，头戴赤帻、着皂缘领袖中衣、长袴，一手持马鞭，一手揽辔。

出巡图（三）

《出巡图（三）》出土于嘉峪关新城魏晋墓六号墓，位于中室西壁从上而下第一层，画面规格为长34.5厘米，宽17厘米。画面内容为三人中前、后两官吏手持笏板，中间官吏手捧木剑。

出巡图（四）

《出巡图（四）》出土于嘉峪关新城魏晋墓六号墓，位于中室西壁从上而下第一层，画面规格为长34.5厘米，宽17厘米。画面内容为墓主人乘犊车出行。一车夫驾一牛正在赶车，车幡为灰色。

出巡图（五）

《出巡图（五）》出土于嘉峪关新城魏晋墓六号墓，位于中室西壁从上而下第一层，画面规格为长34.5厘米，宽17厘米。画面内容为两位骑吏骑马疾驰，二吏皆头戴赤帻、着皂缘领袖中衣、长裤，一手持马鞭，一手揽辔。

出巡图（六）

《出巡图（六）》出土于嘉峪关新城魏晋墓六号墓，位于中室西壁从上而下第一层，画面规格为长34.5厘米，宽17厘米。画面内容为两骑吏骑马疾驰。前面骑吏戴赤帻、着皂缘领袖中衣、长裤，一手持马鞭，一手揽辔。后面紧跟一位骑吏，戴黑帻、着黑色长裤，一手持马鞭，一手揽辔。

出巡图（七）

《出巡图（七）》出土于嘉峪关新城魏晋墓六号墓，位于中室西壁北侧从上而下第一层，画面规格为长34.5厘米，宽17厘米。画面内容为两佐吏戴黑介帻，着皂缘领袖中衣，捧笏前行。

宴饮图（十三）

《宴饮图（十三）》出土于嘉峪关新城魏晋墓六号墓，位于中室西壁从上而下第二层，画面规格为长34.5厘米，宽17厘米。画面内容为男墓主人戴帢，着皂缘领袖中衣，席地而坐正在宴饮。前面放置圆盘、钵、耳杯、箸，男墓主人正伸手去取圆盘上的食物。

宴饮图（十四）

《宴饮图（十四）》出土于嘉峪关新城魏晋墓六号墓，位于中室西壁从上而下第二层，画面规格为长34.5厘米，宽17厘米。画面内容为宾主二人对坐宴饮。男墓主人拱手坐于榻上，宾客席地而坐，手持炙肉，两人中间放有圆盘、钵、耳杯、箸等。

宴饮图（十五）

《宴饮图（十五）》出土于嘉峪关新城魏晋墓六号墓，位于中室西壁从上而下第二层，画面规格为长34.5厘米，宽17厘米。画面内容为男墓主人衣着华丽跪坐于席，面前放有餐盘，盘中盛有食物。一仆人手举炙肉侧身递给主人。

进食图（十三）

《进食图（十三）》出土于嘉峪关新城魏晋墓六号墓，位于中室西壁从上而下第二层，画面规格为长34.5厘米，宽17厘米。画面内容为三仆人手捧长案缓缓前行，案上放有食物。

进食图（十四）

《进食图（十四）》出土于嘉峪关新城魏晋墓六号墓，位于中室西壁从上而下第二层，画面规格为长34.5厘米，宽17厘米。画面内容为三仆人前行给主宾送食物。第一位仆人右手持钵，左手持炙肉；后两位仆人双手捧长案，案上放有食物。三人皆穿长袍，裹衽及膝束腰，惟中间一人戴帽。

进食图（十五）

《进食图（十五）》出土于嘉峪关新城魏晋墓六号墓，位于中室西壁北侧从上而下第二层，画面规格为长34.5厘米，宽17厘米。画面内容为三位仆人前行给主宾送食物。第一位和第二位仆人手捧钵，钵内盛有食物，第三位仆人手持炙肉。

宴饮图（十六）

《宴饮图（十六）》出土于嘉峪关新城魏晋墓六号墓，位于中室西壁从上而下第三层，画面规格为长34.5厘米，宽17厘米。画面内容为男宾客跪坐于席间宴饮，手持便面，身前放置圆盘、耳杯等器皿。

宴饮图（十七）

《宴饮图（十七）》出土于嘉峪关新城魏晋墓六号墓，位于中室西壁从上而下第三层，画面规格为长34.5厘米，宽17厘米。画面内容为左边有勺、樽、镟三器一组的食器，一般多用于温酒、煲汤。一侍女正俯身伸手拿勺，准备取食物。

宴饮图（十八）

《宴饮图（十八）》出土于嘉峪关新城魏晋墓六号墓，位于中室西壁从上而下第三层，画面规格为长34.5厘米，宽17厘米。画面内容为男宾客席地而坐正在宴饮，前方放置盛满食物的圆盘、钵、耳杯，盘上有一双箸。男宾客正伸手取盘中食物。

进食图（十六）

《进食图（十六）》出土于嘉峪关新城魏晋墓六号墓，位于中室西壁从上而下第三层，画面规格为长34.5厘米，宽17厘米。画面内容为二仆人手捧长案前往给宾主送食物，长案上放有碗装食物。

进食图（十七）

《进食图（十七）》出土于嘉峪关新城魏晋墓六号墓，位于中室西壁从上而下第三层，画面规格为长34.5厘米，宽17厘米。画面内容为二仆人手捧长案前往送食。长案上放有食物，身后排钩挂有三把炙肉用的三股叉。前一仆人没戴帽子，赤足；后一仆人戴帽，袍下着长裤，穿鞋。

庖厨图（八）

《庖厨图（八）》出土于嘉峪关新城魏晋墓六号墓，位于中室西壁北侧从上而下第三层，画面规格为长34.5厘米，宽17厘米。画面内容为一庖丁在俎案上加工食物，左侧叠置着五个长案，案上放着已烹饪好的食物。长案旁边放一个大盆。右侧一侍女，帮助操作炊事。

童仆图

《童仆图》出土于嘉峪关新城魏晋墓六号墓，位于中室西壁南侧从上而下第四层，画面规格为长34.5厘米，宽17厘米。画面内容为一童仆手持便面，正在前行。

宴饮图（十九）

《宴饮图（十九）》出土于嘉峪关新城魏晋墓六号墓，位于中室西壁从上而下第四层，画面规格为长34.5厘米，宽17厘米。画面内容为一男宾客席地而坐正在宴饮，前方放置盛满食物的圆盘、耳杯，旁边有箸。前方一仆人递钵给男宾客。

宴乐图（一）

《宴乐图（一）》出土于嘉峪关新城魏晋墓六号墓，位于中室西壁从上而下第四层，画面规格为长34.5厘米，宽17厘米。画面内容为二乐师跪于席间正在奏乐。左边乐师在弹奏阮咸琵琶，右边乐师在吹箫（尺八长笛），中间置有圆盘、钵、耳杯等食器。

宴饮图（二十）

《宴饮图（二十）》出土于嘉峪关新城魏晋墓六号墓，位于中室西壁从上而下第四层，画面规格为长34.5厘米，宽17厘米。画面内容为男宾客席地而坐正在宴饮，前方放置盛满食物的圆盘、钵、耳杯及一双箸。男宾客正伸手取盘中食物。

进食图（十八）

《进食图（十八）》出土于嘉峪关新城魏晋墓六号墓，位于中室西壁从上而下第四层，画面规格为长34.5厘米，宽17厘米。画面内容为二仆人前行送食，前一仆人托钵，后一仆人手托长案，案上放有碗装食物。

庖厨图（九）

《庖厨图（九）》出土于嘉峪关新城魏晋墓六号墓，位于中室西壁从上而下第四层，画面规格为长34.5厘米，宽17厘米。画面内容为一庖丁跪坐于俎案前切肉。左侧放着一冒热气的大盆。

六号墓后室南壁

后室长328厘米，宽182厘米，高214厘米。墓室顶部为拱券式结构，只在南壁分布有四层砖壁画，每层3幅，共计12幅。主要反映墓主人生前生活富足，拥有殷实财富，如奁盒图、绢帛图、丝团图、蚕茧图等。

绢帛图（一）

《绢帛图（一）》出土于嘉峪关新城魏晋墓六号墓，位于后室南壁从上而下第一层，画面规格为长 34.5 厘米，宽 17 厘米。画面内容为成捆的丝绸、绢帛。

在六号墓葬中，中室、后室共绘有绢帛图 7 幅，反映出墓主人生前拥有殷实的财富。

奁盒图

《奁盒图》出土于嘉峪关新城魏晋墓六号墓，位于后室南壁从上而下第二层，画面规格为长 34.5 厘米，宽 17 厘米。画面内容为一个黑色奁盒，上部绘一对鸳鸯。奁盒是女墓主人用来装首饰、细软等物件的盒子，可以称作"鸳鸯首饰盒"。

在六号墓葬中，中室、后室共绘有奁盒图 5 幅，体现了墓主人生前生活富裕。

丝团图

《丝团图》出土于嘉峪关新城魏晋墓六号墓，位于后室南壁从上而下第三层，画面规格为长34.5厘米，宽17厘米。画面内容为不同颜色的丝团。

在六号墓葬中，中室、后室共绘有丝团图6幅，体现了墓主人生前拥有殷实的财富。

蚕茧图

《蚕茧图》出土于嘉峪关新城魏晋墓六号墓，位于后室南壁从上而下第四层，画面规格为长34.5厘米，宽17厘米。画面内容为两层蚕茧。

在六号墓葬中，中室、后室共绘有蚕茧图13幅，体现了墓主人生前拥有殷实的财富。魏晋时期国家不统一，货币不统一，丝绸、绢帛可以取代货币用来交换，以物易物。因此，在墓室画像砖中出现了大量的蚕茧、丝团、丝绸，来反映墓主人拥有的财富，墓主人寄望在另一个世界依然过着衣食无忧的生活。

七号墓综述

　　七号墓是1972年10月31日至1973年1月13日期间，由甘肃省博物馆会同嘉峪关市文物清理小组共同发掘清理的，是一座魏晋时期的四人合葬墓。墓葬坐南朝北，筑墓方式为：先挖墓道，然后顺着墓道方向在地下根据墓室的大小挖出拱形土洞，再用干砖由后往前垒砌墓室，最后用砖砌墓门和门楼。建筑形制独特，由墓道、墓门、门楼、前室、中室、后室、耳室、壁龛等组成。建筑用砖分为别印纹方形砖、长方形砖、雕刻砖、画像砖等。墓门用条形砖叠砌为拱券形，券顶以上采用条形砖叠造门楼，门楼墙面嵌砌有斗拱、人物、兽首、鸡、牛等造型的雕刻砖。墓葬共出土画像砖150幅，多为一砖一画或数块砖组成的连环画。画风朴实，色调明快，线条流畅，形象生动，不拘一格。壁画内容多取材于当时社会现实生活，有农耕、蚕桑、畜牧、狩猎、出行、炊事、酿造、宴乐、博弈等画面，具有浓厚的生活气息，为研究魏晋时期河西地区的社会、政治、经济、文化、民俗等提供了珍贵的史料。

　　七号墓为三室墓，由前室、中室、后室组成。

　　前室长294厘米、宽306厘米、高334厘米。墓室结构仿照楼阁建筑，干砖叠砌而成。墓顶为覆斗顶结构，四周墙壁上部突出两层半块砖象征房屋的屋檐，在砖的背面和侧面分别涂有红色线条、圆点，象征屋檐上的椽子和椽头。墓室四角嵌有龙头造型砖，象征古代楼阁建筑屋顶四角的脊兽。墓室墙壁采用"三平一竖"的砌法干砖叠砌。东壁底部建有一耳室，西壁建有一壁龛，壁龛上嵌有对缝立砖作门扉，门扉上绘有衔环铺首和朱雀，作半掩状。前室墙壁分布五层画像砖，共计66幅，主要是农耕、蚕桑、畜牧、狩猎、出行、宴饮、育儿等反映庄园经济生活的内容。

　　中室长284厘米、宽303厘米、高295厘米。墓室结构仿照楼阁建筑，干砖叠砌而成。墓顶为覆斗顶结构，四周墙壁上部突出半块砖象征房屋的屋檐，墓室四角嵌有龙头造型砖，象征楼阁建筑屋顶四角檐边的脊兽。墓室墙壁采用"三平一竖"的砌法

干砖叠砌，西壁底部建有一耳室。中室东壁分布着四层画像砖，西壁分布着五层画像砖，共计55幅，以屠宰、庖厨、酿造、宴饮、博弈等反映墓主人生前宴居生活的内容为主。

后室长305厘米、宽322厘米、高302厘米。墓室结构仿照楼阁建筑，干砖叠砌而成。墓顶为覆斗顶结构。后室为墓葬的主室，用来放置棺木。七号墓为四人合葬墓，发掘时中室出土两具女尸，为男墓主人的两个妾室，后室出土一男一女两具尸体，为男、女墓主人。后室只有后壁分布着五层画像砖，共计29幅。以首饰盒、绢帛、丝束等反映墓主人生前财富的内容为主。

七号墓墓道

七号墓是魏晋时期的一座四人合葬墓，距今已有1700多年的历史。墓道长38米，原为砂砾结构，呈外"八"字形的斜坡，并且有花纹方砖铺地，现在的墓道是在原有结构的基础上加固而成的。

七号墓门楼照墙

七号墓门楼残高6.6米,是由七层拱券及上方仿木结构的造型砖叠砌而成。照墙上的壁画纹饰在发掘时已模糊,正中的门扉已脱落,两旁各有"鸡首人身"和"牛首人身"的砖雕造型,用于驱恶避邪。上面有砖雕龙头、托梁力士、托梁兽的造型砖,这种高大而复杂的门楼建筑是嘉峪关魏晋墓区别于中原地区墓葬的特点之一,可以说是墓主人生前居宅建筑格局的再现,象征着墓主人在生前拥有显赫的权势和威仪。

七号墓室顶部及藻井砖

七号墓为三室墓,由前室、中室、后室三个墓室组成。墓室内结构均仿照楼阁建筑,墓室修建采用干砖垒砌,砖与砖之间不用任何黏合剂,利用力学及几何学的原理垒砌而成。墓室顶部均为覆斗顶结构,墓顶的正中嵌有一块方形藻井砖,砖上有花纹,为青龙、白虎、朱雀、玄武四神兽。

龙头造型砖

在七号墓前室、中室的墓室四角均嵌有龙头造型砖，象征古代楼阁建筑屋顶四角檐边的脊兽，名叫鸱吻。相传鸱吻是龙的儿子之一，它喜好登高望远、四处张望，也喜欢吞火，置在建筑屋顶之上，以避火灾。

装饰图

七号墓葬前、中、后室画像砖中间都夹有一至三块不等的丁砌砖，上面绘有交叉斜线，形成两组对称三角。三角内绘螺旋云气纹，作为墓室画像砖之间的分隔装饰图案。

七号墓甬道门洞

　　七号墓为三室墓，每个墓室中间均开有甬道门洞，用来连接下一个墓室。甬道门洞呈拱形起券三层，干砖叠砌而成。前室甬道门洞底宽97厘米、门高120厘米、门深107厘米，中室甬道门洞底宽94厘米、门高122厘米、门深70厘米，后室甬道门洞底宽94厘米、门高113厘米、门深71厘米。前室至中室、中室至后室过道门旁均开有一方形小洞，象征中门之外的旁户。

壁龛

　　七号墓前室西壁中间有一壁龛，壁龛上方嵌有凸出的半块砖作屋檐状，屋檐下嵌有对缝立砖作门扉，门扉作半掩状，上绘有衔环铺首和朱雀。象征楼阁内的卧室。

耳室

　　七号墓葬的前室东壁和中室西壁各建有一拱形耳室，拱顶起券三层。耳室象征生前居住宅院内的厨房、仓库、牛马圈，同时，也用来放置陪葬品。

七号墓前室东壁

　　前室东壁长294厘米，中间建有一个拱形耳室，拱顶起券三层。整面墙壁上有突出两层半块砖，象征房屋的屋檐，两层屋檐中间有一层画像砖，共8幅，以表现男女墓主人对座宴饮为主，一些仆人手持方巾、肉串、团扇在回廊中穿梭。在第一层突出的半块砖下分布有四层画像砖，共21幅，以狩猎、采桑、农耕等内容为主，反映墓主人富足的庄园经济生活。

宴饮图（二十一）

《宴饮图（二十一）》出土于嘉峪关新城魏晋墓七号墓，位于前室东壁从上而下第一层，画面规格为长34.5厘米，宽17厘米。画面内容为身穿华服的两个女子对坐宴饮，中间放置勺、樽、镟三器一组的食器，左边女子左手伸向前方取食物，右边女子右手持团扇轻轻摇动着。

宴饮图（二十二）

《宴饮图（二十二）》出土于嘉峪关新城魏晋墓七号墓，位于前室东壁从上而下第一层，画面规格为长34.5厘米，宽17厘米。画面内容为两个身穿华服的女子对坐宴饮，中间放置勺、樽、镟三器一组的食器。

宴饮图（二十三）

《宴饮图（二十三）》出土于嘉峪关新城魏晋墓七号墓，位于前室东壁从上而下第一层，画面规格为长34.5厘米，宽17厘米。画面内容为身穿华服的男、女二人对坐宴饮，中间放置勺、樽、镟三器一组的食器。

侍奉图（一）

《侍奉图（一）》出土于嘉峪关新城魏晋墓七号墓，位于前室东壁从上而下第一层，画面规格为长15厘米，宽17厘米。画面内容为一个侍女右手持长柄叉，叉上有肉串，左手持盆，身体前趋，准备递给宾主。

侍奉图（二）

《侍奉图（二）》出土于嘉峪关新城魏晋墓七号墓，位于前室东壁从上而下第一层，画面规格为长15厘米，宽17厘米。画面内容为一个侍女手持团扇，为宾主摇扇纳凉。

育婴图

《育婴图》出土于嘉峪关新城魏晋墓七号墓，位于前室东壁从上而下第一层，画面规格为长15厘米，宽17厘米。画面内容为一个侍女左手抱一婴儿，右手伸向前方，作行走状，婴儿手挥舞着。

侍奉图（三）

《侍奉图（三）》出土于嘉峪关新城魏晋墓七号墓，位于前室东壁从上而下第一层，画面规格为长15厘米，宽17厘米。画面内容为一个侍女右手持巾，递向前方，侍奉宾主用餐。

侍奉图（四）

《侍奉图（四）》出土于嘉峪关新城魏晋墓七号墓，位于前室东壁从上而下第一层，画面规格为长15厘米，宽17厘米。画面内容为一个侍女右手持盆，身体前趋，侍奉宾主用餐。

鹰猎图（二）

《鹰猎图（二）》出土于嘉峪关新城魏晋墓七号墓，位于前室东壁从上而下第二层，画面规格为长34.5厘米，宽17厘米。画面内容为猎鹰追逐猎物。前方一只兔子正在飞逃，后面一只猎鹰展翅高飞紧追不舍。

采桑图（七）

《采桑图（七）》出土于嘉峪关新城魏晋墓七号墓，位于前室东壁从上而下第二层，画面规格为长34.5厘米，宽17厘米。画面内容为一妇女提笼准备采摘桑叶。嘉峪关新城魏晋墓中出土了大量关于采桑、缫丝、丝绸的画面，反映出这一时期河西地区桑蚕业之盛况。

采桑图（八）

《采桑图（八）》出土于嘉峪关新城魏晋墓七号墓，位于前室东壁从上而下第二层，画面规格为长34.5厘米，宽17厘米。画面内容为左侧有一棵桑树，一妇女将笼挂在桑树上，举手正在采摘桑叶。

狩猎图（五）

《狩猎图（五）》出土于嘉峪关新城魏晋墓七号墓，位于前室东壁从上而下第二层，画面规格为长34.5厘米，宽17厘米。画面内容为一男子骑马前行，头戴帻，身着袴褶，前往狩猎。马前方有一棵大树。

犬猎图

《犬猎图》出土于嘉峪关新城魏晋墓七号墓,位于前室东壁从上而下第三层,画面规格为长34.5厘米,宽17厘米。画面内容为猎犬追逐猎物,猎物慌忙逃跑,猎犬紧随其后,后蹄腾空,表现出了猎犬的机敏。

鹰猎图(三)

《鹰猎图(三)》出土于嘉峪关新城魏晋墓七号墓,位于前室东壁从上而下第三层,画面规格为长34.5厘米,宽17厘米。画面内容为展翅飞翔的猎鹰正在追捕一只惊逃的飞鸟。驯养猎鹰狩猎是狩猎技术的进步,利用猎鹰可捕获飞禽和小动物。

射猎图（一）

《射猎图（一）》出土于嘉峪关新城魏晋墓七号墓，位于前室东壁从上而下第三层，画面规格为长34.5厘米，宽17厘米。画面内容为一位全副武装的猎人骑着一匹马，将箭搭在弓上，探身向前，引弓待发，马后蹄腾空，朝着猎物疾驰而去。

射猎图（二）

《射猎图（二）》出土于嘉峪关新城魏晋墓七号墓，位于前室东壁从上而下第三层，画面规格为长34.5厘米，宽17厘米。画面内容为两位骑士，分乘两匹骏马，在野外狩猎。魏晋时期豪强地主为了维护自己的庄园经济，筑坞自守，把狩猎活动作为训练家兵骑射技术的手段。

犁地图（七）

《犁地图（七）》出土于嘉峪关新城魏晋墓七号墓，位于前室东壁从上而下第四层，画面规格为长34.5厘米，宽17厘米。画面内容为一农夫正在驾牛耕地。农夫头戴帽，左手扬鞭，右手扶犁把，驾一头牛。

犁地图（八）

《犁地图（八）》出土于嘉峪关新城魏晋墓七号墓，位于前室东壁从上而下第四层，画面规格为长34.5厘米，宽17厘米。画面内容为一农夫扶犁，牛鼻穿环，系以牛䎃，缰绳系于犁把，农夫右手扶犁，左手扬鞭驱牛犁地。

耙地图（五）

《耙地图（五）》出土于嘉峪关新城魏晋墓七号墓，位于前室东壁从上而下第四层，画面规格为长34.5厘米，宽17厘米。画面内容为一农夫左手持鞭，右手揽缰绳，蹲坐在耙上，正在耙地。这种用牛拉耙，人蹲坐在耙上的方法，增加了重量，使耙入土较深，达到保墒防旱的目的。

犁地图（九）

《犁地图（九）》出土于嘉峪关新城魏晋墓七号墓，位于前室东壁从上而下第五层，画面规格为长34.5厘米，宽17厘米。画面内容为一农夫右手扶犁，左手扬鞭，正驱赶两头牛犁地。

七号墓前室西壁

前室西壁长294厘米，建有一壁龛，壁龛上嵌有对缝立砖作门扉，门扉上绘有衔环辅首和朱雀，作半掩状。墙壁上突出两层半块砖象征房屋的屋檐，两层屋檐中间有一层画像砖，共5幅，以表现男女墓主人对座宴饮为主。在第一层突出的半块砖下，分布有四层画像砖，共30幅，以骑马出巡、犊车、畜牧、农耕等内容为主。墓室中出现大量的出巡图、狩猎图，反映出墓主人生前是一名武官，具有显赫的地位与身份。

宴饮图（二十四）

《宴饮图（二十四）》出土于嘉峪关新城魏晋墓七号墓，位于前室西壁从上而下第一层，画面规格为长34.5厘米，宽17厘米。画面内容为两位身穿华服的男子对坐宴饮，中间放置勺、樽、镟三器一组的食器。

宴饮图（二十五）

《宴饮图（二十五）》出土于嘉峪关新城魏晋墓七号墓，位于前室西壁从上而下第一层，画面规格为长34.5厘米，宽17厘米。画面内容为一身穿华服的男子正在进餐，前面放置勺、樽、镟三器一组的食器，一婢女手持餐盘伸向前方。

庖厨图（十）

《庖厨图（十）》出土于嘉峪关新城魏晋墓七号墓，位于前室西壁从上而下第一层，画面规格为长34.5厘米，宽17厘米。画面内容为二婢女跪坐共同操作炊事，一婢女转身取箸，二人中间放置盛满食物的三个食器。

出行图(二)

《出行图(二)》出土于嘉峪关新城魏晋墓七号墓,位于前室西壁北侧从上而下第二层,画面规格为长34.5厘米,宽17厘米。画面内容为两个导骑头戴兜鍪,身着袴褶,手持矟,骑马前行。

出行图(三)

《出行图(三)》出土于嘉峪关新城魏晋墓七号墓,位于前室西壁从上而下第二层,画面规格为长34.5厘米,宽17厘米。画面内容为墓主人,马上持鞭、头戴帢,身着袴褶,骑马前行。

出行图（四）

《出行图（四）》出土于嘉峪关新城魏晋墓七号墓，位于前室西壁从上而下第二层，画面规格为长34.5厘米，宽17厘米。画面内容为三个从骑，马上持矟，头戴兜鍪，身着袴褶，骑马前行。

出行图（五）

《出行图（五）》出土于嘉峪关新城魏晋墓七号墓，位于前室西壁从上而下第二层，画面规格为长34.5厘米，宽17厘米。画面内容为三个从骑，马上持矟，头戴兜鍪，身着袴褶，骑马前行。

七号墓中表现骑马出行的画像砖共有8幅，反映出墓主人生前是一名武官。

牛车图（二）

《牛车图（二）》出土于嘉峪关新城魏晋墓七号墓，位于前室西壁从上而下第三层，画面规格为长34.5厘米，宽17厘米。画面内容为一男子坐在车前，手拉缰绳驾牛车，车厢前后竖四根直木，车身有栅栏。

牛车图（三）

《牛车图（三）》出土于嘉峪关新城魏晋墓七号墓，位于前室西壁从上而下第三层，画面规格为长34.5厘米，宽17厘米。画面内容为一牛拉车，后有一男子跟随赶车。车顶有棚，车厢前后皆有直木竖起，车厢前檐为格窗，可开闭，供人上下。

马车图

《马车图》出土于嘉峪关新城魏晋墓七号墓，位于前室西壁从上而下第三层，画面规格为长34.5厘米，宽17厘米。画面内容为马拉着棚车，前面有一男子赶车，后面男子跟随，车厢四角竖有直木，车辕为曲辕，车轮较大，车辐为13根。

在七号墓中表现车舆的画像砖共有8幅，其中牛拉车有7幅，马拉车仅此1幅，说明魏晋时期人们出行多乘牛车。

畜牧图（九）

《畜牧图（九）》出土于嘉峪关新城魏晋墓七号墓，位于前室西壁从上而下第四层，画面规格为长34.5厘米，宽17厘米。画面内容为四匹膘肥体健的骏马正在前行。

牧牛图

《牧牛图》出土于嘉峪关新城魏晋墓七号墓，位于前室西壁从上而下第四层，画面规格为长34.5厘米，宽17厘米。画面内容为一身穿半长衫的牧牛人，左手向前，右手举棍驱赶着牛群。

在七号墓西壁有关畜牧业的画像砖有14幅，画中可见成群的牛、马、羊、鸡，反映出魏晋时期河西地区畜牧业的兴旺发达，这与史书记载的"河西畜牧天下饶"相吻合。

七号墓中室东壁

中室东壁长284厘米，为干砖垒砌而成。整面墙壁上有突出的一层半块砖，象征房屋的屋檐，屋檐下分布有四层画像砖，共30幅。以表现男、女墓主人对座宴饮、博弈、乐舞、厨房用具、庖厨、屠宰、酿造等内容为主，真实再现了魏晋时期居住在河西地区人们的日常生活，反映出墓主人生前过着殷实富足的生活。

宴饮图（二十六）

《宴饮图（二十六）》出土于嘉峪关新城魏晋墓七号墓，位于中室东壁从上而下第一层，画面规格为长34.5厘米，宽17厘米。画面内容为身穿华服的男、女二人对坐宴饮，中间放置勺、樽、镟三器一组的食器。

宴饮图（二十七）

《宴饮图（二十七）》出土于嘉峪关新城魏晋墓七号墓，位于中室东壁从上而下第一层，画面规格为长34.5厘米，宽17厘米。画面内容为两位身穿华服的男子对坐宴饮，中间放置勺、樽、镟三器一组的食器。

进食图（十九）

《进食图（十九）》出土于嘉峪关新城魏晋墓七号墓，位于中室东壁从上而下第一层，画面规格为长34.5厘米，宽17厘米。画面内容为侍女三人，前面两人双手捧盆，后面一人手提壶，前行给主人送食物。

宴饮图（二十八）

《宴饮图（二十八）》出土于嘉峪关新城魏晋墓七号墓，位于中室东壁从上而下第一层，画面规格为长34.5厘米，宽17厘米。画面内容为身穿华服的男、女二人对坐宴饮，中间放置勺、樽、镟三器一组的食器。

博弈图

《博弈图》出土于嘉峪关新城魏晋墓七号墓，位于中室东壁从上而下第一层，画面规格为长34.5厘米，宽17厘米。画面内容为中间摆放一张褐色棋桌，桌上摆放棋盘和箸筹，两位身穿华服的男子跪坐在棋桌两侧。左边一人两手高高举起，右边一人左手高举，右手伸向前方，显得异常惊恐，专注地盯着对方，似乎急于想看出结果。两人均横眉竖眼，面带怒色，似乎要博个你死我活，很难分出胜负。

宴饮图（二十九）

《宴饮图（二十九）》出土于嘉峪关新城魏晋墓七号墓，位于中室东壁从上而下第二层，画面规格为长34.5厘米，宽17厘米。画面内容为身穿华服的男、女二人对坐宴饮，中间放置勺、樽、镟三器一组的食器。

庖厨图（十一）

《庖厨图（十一）》出土于嘉峪关新城魏晋墓七号墓，位于中室东壁从上而下第二层，画面规格为长34.5厘米，宽17厘米。画面内容为一婢女手持巾跪坐在地上，身前有一锅，锅内烙有饼，身后放置一盆。

庖厨图（十二）

《庖厨图（十二）》出土于嘉峪关新城魏晋墓七号墓，位于中室东壁从上而下第二层，画面规格为长34.5厘米，宽17厘米。画面内容为一庖丁在俎案上切肉，案下放一盛肉的大盆。一婢女在整理重叠的三个长案上的食物。

进食图（二十）

《进食图（二十）》出土于嘉峪关新城魏晋墓七号墓，位于中室东壁从上而下第二层，画面规格为长34.5厘米，宽17厘米。画面内容为三位盘发身穿长裙的侍女，双手持盘，盘中放有加工好的食物，前往进食。

宴乐图（二）

《宴乐图（二）》出土于嘉峪关新城魏晋墓七号墓，位于中室东壁从上而下第二层，画面规格为长34.5厘米，宽17厘米。画面内容为乐师三人跪坐正在奏乐，一人吹奏长笛，一人弹琴筝，一人弹阮咸琵琶。魏晋时期拥有家庭乐师是一种时尚。

宴饮图（三十）

《宴饮图（三十）》出土于嘉峪关新城魏晋墓七号墓，位于中室东壁从上而下第二层，画面规格为长34.5厘米，宽17厘米。画面内容为身穿华服的男、女二人对坐宴饮，中间放置勺、樽、镟三器一组的食器和圆盘。

庖厨图（十三）

《庖厨图（十三）》出土于嘉峪关新城魏晋墓七号墓，位于中室东壁从上而下第三层，画面规格为长34.5厘米，宽17厘米。画面内容为一婢女挽袖跪坐于灶前添柴烧火煮食，灶上放置一陶罐，灶下有火苗蹿出。

庖厨图（十四）

《庖厨图（十四）》出土于嘉峪关新城魏晋墓七号墓，位于中室东壁从上而下第三层，画面规格为长34.5厘米，宽17厘米。画面内容为一婢女左手拿箸取盆里的食物，右侧有一两层重叠的长案。

庖厨图（十五）

《庖厨图（十五）》出土于嘉峪关新城魏晋墓七号墓，位于中室东壁从上而下第三层，画面规格为长34.5厘米，宽17厘米。画面内容为婢女二人跪坐，后面一人左手向前传递食物，前面一人伸出右手接过，二人协作同往四个重叠的长案上摆放食物。

庖厨图（十六）

《庖厨图（十六）》出土于嘉峪关新城魏晋墓七号墓，位于中室东壁从上而下第三层，画面规格为长34.5厘米，宽17厘米。画面内容为二婢女跪坐操作炊事，右侧放置一盆，前面的婢女左手拿木棍搅拌，后面一婢女在帮助炊事。

宰羊图（三）

《宰羊图（三）》出土于嘉峪关新城魏晋墓七号墓，位于中室东壁从上而下第三层，画面规格为长34.5厘米，宽17厘米。画面内容为一羊被缚于木柱上，四足倒悬，庖丁右手拿刀向前准备宰羊。

杀猪图（五）

《杀猪图（五）》出土于嘉峪关新城魏晋墓七号墓，位于中室东壁从上而下第三层，画面规格为长34.5厘米，宽17厘米。画面内容为一只体型肥硕的猪仰卧在案上，旁边一庖丁左手用力拽着猪蹄，右手拿刀准备宰杀。

宰杀图

《宰杀图》出土于嘉峪关新城魏晋墓七号墓，位于中室东壁从上而下第三层，画面规格为长34.5厘米，宽17厘米。画面内容为两个婢女相对跪坐，中间放置一盆，右边的婢女双手抓紧一只鸡准备宰杀，左边一婢女在等待烫鸡拔毛。

庖厨图（十七）

《庖厨图（十七）》出土于嘉峪关新城魏晋墓七号墓，位于中室东壁从上而下第三层，画面规格为长34.5厘米，宽17厘米。画面内容为一婢女双手伸入盆中正在揉面，旁边灶上放置一陶罐煮食，灶下有火苗蹿出。

庖厨图（十八）

《庖厨图（十八）》出土于嘉峪关新城魏晋墓七号墓，位于中室东壁从上而下第四层，画面规格为长34.5厘米，宽17厘米。画面内容为一罐放置在三足架上，旁边立一庖丁正在操作炊事。

· 121 ·

庖厨图（十九）

《庖厨图（十九）》出土于嘉峪关新城魏晋墓七号墓，位于中室东壁从上而下第四层，画面规格为长34.5厘米，宽17厘米。画面内容为横杠上排悬挂着肉条，旁边立一庖丁。

庖厨图（二十）

《庖厨图（二十）》出土于嘉峪关新城魏晋墓七号墓，位于中室东壁从上而下第四层，画面规格为长34.5厘米，宽17厘米。画面内容为横杠上排悬挂着炙肉用的三股铁叉三个、长案一个，旁边立一庖丁。

庖厨图（二十一）

《庖厨图（二十一）》出土于嘉峪关新城魏晋墓七号墓，位于中室东壁从上而下第四层，画面规格为长34.5厘米，宽17厘米。画面内容为墙壁横杠上排悬挂着耳锅四个、炙肉用的三股铁叉一个。

庖厨图（二十二）

《庖厨图（二十二）》出土于嘉峪关新城魏晋墓七号墓，位于中室东壁从上而下第四层，画面规格为长34.5厘米，宽17厘米。画面内容为墙壁横杠上排悬挂着圆案三个。

酿造图（一）

　　《酿造图（一）》出土于嘉峪关新城魏晋墓七号墓，位于中室东壁南侧从上而下第四层，画面规格为长34.5厘米，宽17厘米。画面内容为一个长条案上放置三口滤罐，案下放一盆，旁边站一婢女正在酿造，专注地盯着案下的盆。

七号墓中室西壁

　　中室西壁长284厘米，中间建有一个拱形耳室，拱顶起券三层。整面墙壁上有突出的一层半块砖，象征房屋的屋檐，屋檐下分布有五层画像砖，共25幅。砖画内容以表现男、女墓主人家庭生活宴饮、厨房用具、庖厨、屠宰、酿造等为主，反映出墓主人生前过着殷实富足的家庭生活。

宴饮图（三十一）

《宴饮图（三十一）》出土于嘉峪关新城魏晋墓七号墓，位于中室西壁南侧从上而下第一层，画面规格为长34.5厘米，宽17厘米。画面内容为身穿华服的一男子与二女对坐宴饮，中间放置勺、樽、镟三器一组的食器与圆盘。

庖厨图（二十三）

《庖厨图（二十三）》出土于嘉峪关新城魏晋墓七号墓，位于中室西壁从上而下第一层，画面规格为长34.5厘米，宽17厘米。画面内容为二婢女跪坐协同摆放食物。一婢女身前放一盆，右手拿箸向前传递，另一婢女回身伸出左手接，身前放置重叠的四个长案。

宴饮图（三十二）

《宴饮图（三十二）》出土于嘉峪关新城魏晋墓七号墓，位于中室西壁从上而下第一层，画面规格为长 34.5 厘米，宽 17 厘米。画面内容为两位身穿华服的男子对坐宴饮，中间放置勺、樽、镟三器一组的食器。

宴饮图（三十三）

《宴饮图（三十三）》出土于嘉峪关新城魏晋墓七号墓，位于中室西壁从上而下第一层，画面规格为长 34.5 厘米，宽 17 厘米。画面内容为女宾主二人对坐宴饮，中间放置勺、樽、镟三器一组的食器与圆盘，盘上有食物和箸两双。

庖厨图（二十四）

《庖厨图（二十四）》出土于嘉峪关新城魏晋墓七号墓，位于中室西壁北侧从上而下第一层，画面规格为长34.5厘米，宽17厘米。画面内容为婢女二人跪坐于重叠的四个长案前，整理放置于案上的食器。

庖厨图（二十五）

《庖厨图（二十五）》出土于嘉峪关新城魏晋墓七号墓，位于中室西壁南侧从上而下第二层，画面规格为长34.5厘米，宽17厘米。画面内容为一庖丁在俎案上切肉，肉块落于案下，右侧重叠放置三个长案。

庖厨图（二十六）

《庖厨图（二十六）》出土于嘉峪关新城魏晋墓七号墓，位于中室西壁从上而下第二层，画面规格为长34.5厘米，宽17厘米。画面内容为墙壁上横杠排钩挂满了肉条，旁边跪坐一婢女伸出右手正在操作炊事。

庖厨图（二十七）

《庖厨图（二十七）》出土于嘉峪关新城魏晋墓七号墓，位于中室西壁从上而下第二层，画面规格为长34.5厘米，宽17厘米。画面内容为墙壁上悬挂着各种炊具，从左至右分别为耳锅、炙肉用的三股叉、耳锅、炙肉用的三股叉、长案。

庖厨图（二十八）

《庖厨图（二十八）》出土于嘉峪关新城魏晋墓七号墓，位于中室西壁北侧从上而下第二层，画面规格为长34.5厘米，宽17厘米。画面内容为一婢女手持巾跪坐在地上操作炊事，身前有一锅，锅内盛有饼。

杀猪图（六）

《杀猪图（六）》出土于嘉峪关新城魏晋墓七号墓，位于中室西壁南侧从上而下第三层，画面规格为长34.5厘米，宽17厘米。画面内容为一形体肥大的猪仰卧于案上，旁边站一庖丁准备杀猪。

宰羊图（四）

《宰羊图（四）》出土于嘉峪关新城魏晋墓七号墓，位于中室西壁从上而下第三层，画面规格为长 34.5 厘米，宽 17 厘米。画面内容为一庖丁正在宰羊。一只羊用绳子绑在木柱上，四足倒悬，一庖丁左手持刀高举准备宰羊。

庖厨图（二十九）

《庖厨图（二十九）》出土于嘉峪关新城魏晋墓七号墓，位于中室西壁从上而下第三层，画面规格为长 34.5 厘米，宽 17 厘米。画面内容为横杠上悬挂着炊具。有圆案三个及炙肉用的三股叉一个。

庖厨图（三十）

《庖厨图（三十）》出土于嘉峪关新城魏晋墓七号墓，位于中室西壁北侧从上而下第三层，画面规格为长34.5厘米，宽17厘米。画面内容为二婢女跪坐操作炊事。一婢女右手拿罐向前递，另一婢女回身伸出左手接过。

庖厨图（三十一）

《庖厨图（三十一）》出土于嘉峪关新城魏晋墓七号墓，位于中室西壁南侧从上而下第四层，画面规格为长34.5厘米，宽17厘米。画面内容为一婢女跪坐在灶前烧火。左手拿一把干柴正准备往灶里添柴，灶下有火苗蹿出，灶上放置一陶罐煮食。

庖厨图（三十二）

《庖厨图（三十二）》出土于嘉峪关新城魏晋墓七号墓，位于中室西壁从上而下第四层，画面规格为长34.5厘米，宽17厘米。画面内容为两婢女对坐操作炊事。两婢女中间放置一个三足罐，一婢女右手拿箸从罐里取食。

庖厨图（三十三）

《庖厨图（三十三）》出土于嘉峪关新城魏晋墓七号墓，位于中室西壁从上而下第四层，画面规格为长34.5厘米，宽17厘米。画面内容为一婢女跪坐在灶前烧火。婢女左手拿一把干柴正准备往灶里添柴，灶下有火苗蹿出，灶上放置一陶罐煮食。

庖厨图（三十四）

《庖厨图（三十四）》出土于嘉峪关新城魏晋墓七号墓，位于中室西壁北侧从上而下第四层，画面规格为长34.5厘米，宽17厘米。画面内容为一婢女头梳髻，着长裙，挽袖跪坐在盆前，双手在盆中用力揉面。

酿造图（二）

《酿造图（二）》出土于嘉峪关新城魏晋墓七号墓，位于中室西壁南侧从上而下第五层，画面规格为长34.5厘米，宽17厘米。画面内容为一个长条案上放置三口陶罐，案下放一盆。

在七号墓中有关酿造的画像砖有3幅，这也是我国关于酿造有记载的最早的流程图，而且在该墓室中出土一灰陶罐，下部有一小孔，制作精细。这些都说明魏晋时期河西地区的酿造业已有相当规模。

庖厨图（三十五）

《庖厨图（三十五）》出土于嘉峪关新城魏晋墓七号墓，位于中室西壁从上而下第五层，画面规格为长34.5厘米，宽17厘米。画面内容为一婢女伸出右手拿勺在缸前取食，身后一婢女递上罐盛接。

宰牛图（三）

《宰牛图（三）》出土于嘉峪关新城魏晋墓七号墓，位于中室西壁从上而下第五层，画面规格为长34.5厘米，宽17厘米。画面内容为一庖丁右手用力拉着牛缰绳，左手举榔头准备击杀牛，牛惊恐挣扎后退。

庖厨图（三十六）

《庖厨图（三十六）》出土于嘉峪关新城魏晋墓七号墓，位于中室西壁从上而下第五层，画面规格为长34.5厘米，宽17厘米。画面内容为墙壁横杠上排悬挂着肉条及耳锅两个。

酿造图（三）

《酿造图（三）》出土于嘉峪关新城魏晋墓七号墓，位于中室西壁从上而下第五层，画面规格为长34.5厘米，宽17厘米。画面内容为一个长条案上放置三口陶罐。

七号墓后室南壁

后室长305厘米、宽322厘米、高302厘米。后室东壁、西壁均无画像砖，只有南壁分布着五层画像砖，共计29幅。以奁盒、绢帛、丝束、蚕茧等反映墓主人生前财富的内容为主。

绢帛图（二）

《绢帛图（二）》出土于嘉峪关新城魏晋墓七号墓，位于后室南壁，画面规格为长34.5厘米，宽17厘米。画面内容为用绳子捆扎的绢帛，象征墓主人拥有的财富。在七号墓中共有绢帛图14幅，均位于后室南壁。

参考文献

[1] 甘肃省文物队，甘肃省博物馆，嘉峪关市文物管理所.嘉峪关壁画墓发掘报告 [M].北京：文物出版社，1985.

[2] 张军武，高凤山.嘉峪关魏晋墓彩绘砖画浅识 [M].兰州：甘肃人民出版社，1989.

[3] 嘉峪关丝路（长城）文化研究院.河西走廊砖壁画 [C].2019.

[4] 张晓东，王春梅.嘉峪关新城魏晋墓砖壁画保护研究 [M].兰州：甘肃文化出版社，2016.

[5] 张宝玺.嘉峪关酒泉魏晋十六国墓壁画 [M].兰州：甘肃人民美术出版社，2001.

[6] 张晓东.嘉峪关魏晋民俗研究 [M].兰州：甘肃文化出版社，2010.

[7] 胡杨，许瑾.地下画廊——嘉峪关魏晋砖壁画 [M].兰州：甘肃人民出版社，2016.

[8] 吕占光.嘉峪关文物集萃 [M].兰州：甘肃人民美术出版社，2000.

[9] 林少雄.古冢丹青：河西走廊魏晋墓葬画 [M].兰州：甘肃教育出版社，1999.

[10] 孙彦.河西魏晋十六国壁画墓研究 [M].北京：文物出版社，2011.

[11] 河西学院.高台魏晋墓与河西历史文化研究 [C].兰州：甘肃教育出版社.读者出版集团，2012.

[12] 郑岩.魏晋南北朝壁画墓研究 [M].北京：文物出版社，2016.

[13] 岳邦湖，田晓，杜思平，张军武.岩画及墓葬壁画 [M].兰州：敦煌文艺出版社，2004.